Britta Book

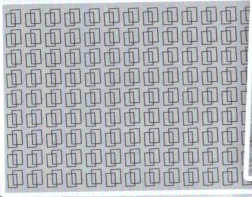

Spiele zur Unterrichtsgestaltung

Spanisch

Verlag an der Ruhr

Impressum

Titel
Spiele zur Unterrichtsgestaltung – Spanisch

Autorin
Britta Book

Illustrationen
Icons – Mik Schulz

Titelbildmotive
Sombreros © Vasily Smirnov | Lama © alexpermyakov | Flamencotänzerin © joserpizarro | Tafel © nito | Cervantes-Statue © luisfpizarro | Sagrada Familia-Kathedrale © valeryegorov | Tangotänzer-Beine © 1L26 – alle Fotolia.com

Lektorat
Nadja Prinz, Köln

Bildnachweise
Kapitelmotive alle Fotolia.com: Kapitel 1 © deniskomarov | Kapitel 2 © 290712 | Kapitel 3 © photogl | Kapitel 4 © Picture-Factory | Kapitel 5 © Fyle | Kapitel 6 © udovichenko | Kapitel 7 © valeryegorov

Verlag an der Ruhr
Mülheim an der Ruhr
www.verlagruhr.de

Geeignet für die Klassen 5–13

Unser Beitrag zum Umweltschutz:
Wir sind seit 2008 ein ÖKOPROFIT®-Betrieb und setzen uns damit aktiv für den Umweltschutz ein. Das ÖKOPROFIT®-Projekt unterstützt Betriebe dabei, die Umwelt durch nachhaltiges Wirtschaften zu entlasten. Unsere Produkte sind grundsätzlich auf chlorfrei gebleichtes und nach Umweltschutzstandards zertifiziertes Papier gedruckt.

Urheberrechtlicher Hinweis:
Das Werk und seine Teile sind urheberrechtlich geschützt. Jede Verwendung in anderen als den gesetzlich zugelassenen Fällen bedarf der vorherigen schriftlichen Einwilligung des Verlages. Im Werk vorhandene Kopiervorlagen dürfen vervielfältigt werden, allerdings nur für jeden Schüler der eigenen Klasse/des eigenen Kurses. Die dazu notwendigen Informationen (Buchtitel, Verlag und Autor) haben wir für Sie als Service bereits mit eingedruckt. Diese Angaben dürfen weder verändert noch entfernt werden. Die Weitergabe von Kopiervorlagen oder Kopien (auch von Ihnen veränderte) an Kollegen, Eltern oder Schüler anderer Klassen/Kurse ist nicht gestattet.
Der Verlag untersagt ausdrücklich das Herstellen von digitalen Kopien, das digitale Speichern und Zurverfügungstellen dieser Materialien in Netzwerken (das gilt auch für Intranets von Schulen und sonstigen Bildungseinrichtungen), per E-Mail, Internet oder sonstigen elektronischen Medien außerhalb der gesetzlichen Grenzen. Kein Verleih. Keine gewerbliche Nutzung. Zuwiderhandlungen werden zivil- und strafrechtlich verfolgt.
Bitte beachten Sie die Informationen unter www.schulbuchkopie.de.
Soweit in diesem Produkt Personen fotografisch abgebildet sind und ihnen von der Redaktion fiktive Namen, Berufe, Dialoge u. Ä. zugeordnet oder diese Personen in bestimmte Kontexte gesetzt werden, dienen diese Zuordnungen und Darstellungen ausschließlich der Veranschaulichung und dem besseren Verständnis des Inhalts.
Trotz sorgfältiger inhaltlicher Kontrolle kann keine Haftung für die Inhalte externer Seiten, auf die mittels eines Links verwiesen wird, übernommen werden. Für den Inhalt der verlinkten Seiten sind ausschließlich deren Betreiber verantwortlich.

© Verlag an der Ruhr 2017
ISBN 978-3-8346-3549-5

Printed in Germany

Inhaltsverzeichnis

Vorwort und didaktische Hinweise 4

Kapitel 1 – Sprechen 6
- Hablar del día 6
- ¿Quién es? 7
- Expresar opiniones 9
- Ir al médico 12
- Preparar una fiesta 14
- Describir y dibujar 15
- La familia 16
- ¿Dónde está …? 18
- Veo veo 19
- Historia con sombrero 20
- ¡Represéntalo! 21
- Conflicto con imperativos 22
- Soñar con tu futuro 23
- El mundo dentro de cien años 24
- Cuatro visiones distintas 25

Kapitel 2 – Schreiben 30
- Sentimientos mixtos 30
- Un cuento de hadas diferente 32
- Ciudades, países, celebridades 34
- Cuestión de gusto 35
- Dictado con sustantivos 37
- ¿Verdad o mentira? 38
- Cinco palabras mágicas 39
- La primera impresión 40
- Vida cotidiana 41

Kapitel 3 – Lesen 43
- Bola de nieve con preguntas 43
- Mi romance 44
- Puzle de diálogos 46
- Palabras claves 47

Kapitel 4 – Hören 48
- ¡Olé! 48
- Canasta de fruta 49
- El testimonio 50
- Puntos cardinales 51
- A mí me gusta 52
- Dictar y pintar 53
- Ir como … 55
- Cazador de autógrafos 56

Kapitel 5 – Wortschatz 57
- Adivinar palabras 57
- Dómino de vocabulario 59
- La hora 60
- La bomba 62
- Ir de compras 64
- Palabras de Navidad 65
- El alfabeto 66
- Profesiones 67
- Serpiente de palabras 69
- Bingo de palabras 70
- Parejas de alumnos 72
- Sinónimos 73
- Palabras con alumnos 75
- Mi vocabulario 76
- Conceptos generales 77
- Familia de palabras 79

Kapitel 6 – Grammatik 80
- Acentuación 80
- Casa de verbos irregulares 81
- Paseo por la clase 84
- ¿Qué habéis hecho …? 85
- ¿Ser o estar? 86
- Tiempos redondos 87
- Comparaciones 88
- Mi mundo imaginario 91
- Por y para 92

Kapitel 7 – Interkulturelles Lernen 93
- Cuatro esquinas de refranes 93
- ¿Quieres ser millionario? 95
- ¿Qué puede ser? 97
- Trabalenguas 99

Spieleübersicht nach Kompetenzen 101
Quellen und Medientipps 104

Vorwort und didaktische Hinweise

Spiele im Fremdsprachenunterricht

„Spielen bedeutet Entdecken und Erproben, daher gehört Spielen zum Spanischlernen dazu" (Lüning 2006, S. 4). Experimentieren mit Material und Spielaufgaben fördert **Kreativität** und schult ein von den Richtlinien angestrebtes **problem- und prozessbezogenes Denken**. Dadurch, dass der Spielausgang offen ist, wird eine relative Chancengleichheit vermittelt, die die Spielspannung und die Motivation der Lerner* weckt bzw. aufrechterhält. – Diese Möglichkeiten lassen sich auch im Klassenraum nutzen.

Insbesondere im Fremdsprachenunterricht können Spiele eingesetzt werden, um **zur Kommunikation anzuregen** und an unterschiedlichen Stellen **die alltäglichen Unterrichts- und Raumstrukturen zu unterbrechen**. Auf diese Weise können die Schüler ihre **fachlichen sowie ihre sozialen Kompetenzen** im Umgang mit anderen **verbessern**. Gewissermaßen nebenbei erweitern sie damit ihren Vorstellungs- und Erfahrungshorizont auf ganz unterschiedlichen Ebenen.

Spiele in diesem Buch

Mit den Spielen in diesem Buch können die Schüler **üben, festigen, anwenden und entdecken**. Die verschiedenen Ideen bieten sich an zum Kennenlernen, zur Erholung und Entspannung, zur Erarbeitung von neuem Sprachmaterial sowie zur Wiederholung von bereits erlerntem Wortschatz und bekannter Grammatik.

Die Spiele sind größtenteils so gestaltet, dass sie **ohne weitere Vorbereitung spontan im Unterricht eingesetzt** werden können. Sie sind mit einer durchschnittlichen Dauer von **10–15 Minuten** bewusst kurz gehalten, wobei die Sammlung auch durch ein paar etwas größere Spiele, die eine halbe oder gar ganze (Doppel-)Stunde in Anspruch nehmen, ergänzt wird.

Das eventuell erforderliche Material, wie beispielsweise **Kopiervorlagen** mit unterstützenden Redemitteln, Spielkarten o. Ä. finden Sie jeweils im Anschluss an die Spielbeschreibung. Außerdem benötigen Sie bei einigen Spielen die für den Unterricht üblichen Mittel, wie Schreibmaterial, Schere, Klebestift, Würfel, eine Uhr oder eine Glocke. Wenn es Ihnen sinnvoll erscheint, können Wörterbücher die Arbeit unterstützen. Darüber hinaus bietet es sich an vielen Stellen an, gemeinsam mit den Schülern zusätzliche Spielkarten zu erstellen und auf diese Weise den bereits erarbeiteten Lernstoff zu festigen.

Eine Vielzahl der Spiele in diesem Buch basiert auf Regeln, die die Schüler bereits von Gesellschaftsspielen aus ihrer Kindheit kennen und die hier an die im Lehrplan verankerten Bereiche des Faches Spanisch angepasst sind. Die Einbettung von Altbewährtem in einen neuen Kontext hilft der Lernmotivation insbesondere beim Fremdsprachenerwerb, da die Schüler ihr Wissen erweitern, indem sie an eigene Erfahrungen anknüpfen.

Es lassen sich hier sechs **Spielarten** unterscheiden:
- Kommunikationsspiel (K): Mündlicher Austausch
- Regelspiel (R): Übung und Anwendung von Regeln
- Quizspiel (Qu): Quizfragen und Rätsel
- Schreibspiel (S): Satz- und Textproduktion
- Wortspiel (W): Sammlung und Analyse von Wörtern
- Rollenspiel (Ro): Simulation von authentischen Kommunikationssituationen

---

* Aus Gründen der besseren Lesbarkeit haben wir in diesem Buch durchgehend die männliche Form verwendet. Natürlich sind damit auch immer Frauen und Mädchen gemeint, also Lehrerinnen, Schülerinnen etc.

Vorwort und didaktische Hinweise

Zielgruppe

Die Spiele in diesem Band richten sich an Fremdsprachenlerner der **Sekundarstufe I und II**. Die Empfehlungen für die einzelnen Spiele sind dabei bewusst nicht nach Klassenstufen, sondern **nach Lernjahren ausgeschrieben** und können sowohl für den Spanischunterricht als spät einsetzende Fremdsprache in der Oberstufe als auch für den Beginn in der Unterstufe genutzt werden.

Viele Spiele sind darüber hinaus **durch Anpassung des Schwierigkeitsgrades variabel einsetzbar**. Wählen Sie z. B. auf den Kopiervorlagen jeweils die Spielkarten aus, die zu Ihrer Lerngruppe passen. In vielen Fällen sind Ergänzungen, Abwandlungen oder auch Auslassungen möglich. Sie können die Schüler bei der Gestaltung der Spiele mit einbeziehen, indem sie selbst Regeln erfinden oder Themengebiete nach ihren Vorlieben wählen, die über die Vorschläge in der Spielbeschreibung hinausgehen.

Entscheiden Sie je nach Ihrer Unterrichtsführung sowie dem Leistungsstand der Lerngruppe, ob Phasen der Erklärung und Reflexion in der Mutter- oder in der Fremdsprache erfolgen. Nicht zuletzt werden Sie auch feststellen, dass sich **viele der Spiele ebenso für andere Fremdsprachen oder auch im Deutschunterricht einsetzen** lassen.

Gliederung nach Kompetenzen

Gemäß dem Lehrplan des Faches Spanisch finden Sie in diesem Band Spiele, die die unterschiedlichen Kompetenzbereiche des Fremdspracherwerbs abdecken. Sie sind den sieben Kapiteln **Sprechen, Schreiben, Lesen, Hören, Wortschatz, Grammatik** und **Interkulturelles Lernen** zugeordnet. Der Schwerpunkt liegt dabei in Anlehnung an den Gemeinsamen Europäischen Referenzrahmen eindeutig auf der Mündlichkeit. Am Ende des Buches (ab S. 101) wird in einer **Übersichtstabelle** noch einmal zusammengefasst, welche Kompetenzen bei welchem Spiel besonders gefördert werden.

Aufbau der Spiele

Damit Sie sich schnell zurechtfinden, folgen die Spielbeschreibungen immer demselben Muster: In einem grauen Info-Kasten finden Sie zunächst in einer knappen Übersicht alle nötigen Angaben zu **Spielart, Thema, Ziel, Lernjahr, Dauer, Sozialform** und benötigtem **Material**. Dann folgen eine knappe **Beschreibung** des Spiels, ggf. unterstützende **Hinweise und Ideen** für **Varianten** sowie mögliche Impulse für eine abschließende **Reflexion** und zur **Weiterführung**.

Sehen Sie diese Spielesammlung als Hilfestellung für Ihre tägliche Arbeit, die sich an vielen Stellen durch Ihre Ideen und die Interessen der jeweiligen Lerngruppe beliebig modifizieren und weiterentwickeln lässt.

Viel Freude beim Spielen für Sie und Ihre Schüler wünscht Ihnen
Britta Book

Hablar del día

Lehrerhinweise

Spielart: Kommunikationsspiel
Thema: Tagesablauf, reflexive Verben, Uhrzeit
Ziel: Alltagsaktivitäten beschreiben
Lernjahr: 1–2

Dauer: ca. 15 Minuten
Sozialform: Kleingruppen
Material: 1 Würfel für jede Kleingruppe

Beschreibung

Lassen Sie die Schüler Kleingruppen von ca. vier Personen bilden. Stellen Sie jeder Gruppe einen Würfel zur Verfügung und notieren Sie folgende Fragen an der Tafel:

1: ¿A qué hora te levantas? 4: ¿Cómo te descansas del instituto?
2: ¿Cómo vas al instituto? 5: ¿Cómo termina el día?
3: ¿Qué haces por la tarde? 6: ¿A qué hora te acuestas?

Nun würfelt in jeder Gruppe ein Schüler und stellt dem Nachbarn, der links von ihm sitzt, die dem Wurfergebnis entsprechende Frage. Wenn der befragte Schüler antwortet, achten die drei anderen Gruppenmitglieder darauf, dass der Satz sprachlich, insbesondere im Hinblick auf die Uhrzeit sowie die Stellung der Reflexivpronomen, korrekt ist, und verbessern ggf. Anschließend würfelt der befragte Schüler und stellt seinerseits eine Frage. So geht es immer weiter im Kreis.

Hinweis

Haben Sie nicht genug Würfel zur Hand, können Sie auch (laminierte) Karten mit den Zahlen von 1 bis 6 verteilen, die die Schüler verdeckt auf den Tisch legen, um dann eine Karte zu ziehen.

Varianten

- Das Spiel kann zur Leistungskontrolle auch schriftlich mit allen zusammen durchgeführt werden. Es würfelt dann jeweils ein Schüler für die ganze Klasse. Jeder Schüler schreibt still für sich seine Antwort auf. Kontrollieren Sie dann stichprobenartig durch Vorlesen, lassen Sie die Schüler ihre Zettel mit dem Nachbarn tauschen oder sammeln Sie die Zettel ein.
- Die sechs Fragen sind beliebig austauschbar. Lassen Sie die Schüler nach der vorgeschlagenen Version eigene Fragen zum Tagesablauf formulieren oder ersetzen Sie auch das Thema z. B. durch Feriengestaltung o. Ä.

Reflexion

- Welche Fragen konntet ihr leicht beantworten? Welche sind euch schwergefallen? Warum?
- Unterscheiden sich eure Tagesabläufe voneinander oder stellt ihr (viele) Gemeinsamkeiten fest?

¿Quién es?

Lehrerhinweise

Spielart: Kommunikationsspiel	**Dauer:** ca. 10–15 Minuten
Thema: Aussehen, Charakter, Hobbys	**Sozialform:** alle zusammen, Partnerarbeit
Ziel: anhand gezielter Fragen eine Person erraten	**Material:** 1 Glocke o. Ä., ggf. Redemittel (KV auf S. 8)
Lernjahr: 1–3	

Beschreibung

Es empfiehlt sich, zunächst einmal Tische und Stühle zur Seite zu räumen. Fordern Sie die Schüler nun auf, die Augen zu schließen und durch den Raum zu wandern. Sie orientieren sich mithilfe ihrer Hände und suchen einen Mitschüler. Treffen sich zwei Schüler, lassen sie die Augen geschlossen und stellen sich gegenseitig Fragen nach dem Alter, dem Aussehen, der Familiensituation, den Interessen o. Ä., um herauszufinden, wer ihnen gegenübersteht. Wer meint, den Namen des Gegenübers erraten zu haben, gibt seinen Tipp ab. Liegt er richtig, erhält er einen Punkt. Fordern Sie die Paare nach ca. 5 Minuten durch ein akustisches Signal zum Wechseln auf, damit ein neuer Partner befragt werden kann.

Hinweise

- Je nach Lernstand Ihrer Schüler können Sie vor Spielbeginn zur Unterstützung Redemittel (KV auf S. 8) auf einer Folie präsentieren.
- Das Spiel eignet sich zum (besseren) Kennenlernen und zur Förderung der Gruppendynamik.

Varianten

- In Lerngruppen, die sich schon sehr gut kennen, können die Schüler in die Rolle eines Prominenten schlüpfen und die Fragen aus dessen Sicht beantworten.
- Jeder Schüler schreibt Antworten zu vorher festgelegten Fragen auf einen Zettel. Die Zettel werden, gemischt und neu verteilt. Jeder Schüler muss nun erraten, wessen Antworten er vorliegen hat.

Reflexion

Bei welchen Paaren hat das Erraten gut geklappt? Bei welchen nicht? Warum?

Weiterführung

Zur Festigung der Kenntnisse können die Schüler anschließend der Klasse einen Interviewpartner vorstellen. Dadurch, dass sie in der dritten Person über ihren Mitschüler berichten, trainieren sie zusätzlich die Konjugation der Verben sowie unter Umständen auch die indirekte Rede.

¿Quién es?

Kopiervorlage: Redemittel

Cómo entrevistar a alguien

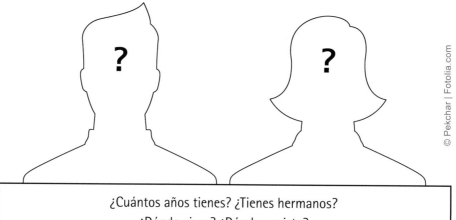

¿Cuántos años tienes? ¿Tienes hermanos?
¿Dónde vives? ¿Dónde naciste?
¿Qué haces en tu tiempo libre? ¿Qué has hecho el fin de semana?
¿Qué tipo de música te gusta? ¿Cuál es tu comida favorita?

Cómo describir a una persona

- Él/Ella es (una persona/un hombre/una mujer) ...
  - ➡ alto/-a, bajo/-a, joven, viejo/-a, gordo/-a, flaco/-a, rico/-a, famoso/-a

- Tiene ... años.

- Está casado/-a, divorciado/-a.

- Es soltero/-a, el padre/la madre, el hijo, la hija de ...

- Trabaja como ...
  - ➡ actor/actriz, cantante, bailarín/bailarina, político/-a, deportista

- Tiene el pelo ...
  - ➡ rubio/-a, castaño/-a, negro/-a, rojo/-a, largo/-a, corto/-a, rizado/-a

- Tiene los ojos ...
  - ➡ azules, verdes, marrones, grandes, pequeños

- Es ...
  - ➡ simpático/-a, antipático/-a, amable, (in)seguro/-a, divertido/-a, agresivo/-a, tímido/-a

- Lleva ropa ...
  - ➡ formal/informal, moderna, deportiva, elegante, tradicional, extravagante

- Tiene otros rasgos típicos (tamaño, cara, boca, labios, dientes, ceja, frente, orejas, nariz, mejillas, etc.)

Expresar opiniones

Lehrerhinweise

Spielart: Kommunikationsspiel
Thema: Integration von Einwanderern
Ziel: sich über ein kontroverses Thema austauschen, Stellung nehmen
Lernjahr: ab 3

Dauer: ca. 45 Minuten
Sozialform: Einzelarbeit, Partnerarbeit
Material: Impulskarten (KV auf S. 11), 1 Schere für jeden Schüler, 1 Glocke o. Ä., ggf. Redemittel (KV auf S. 11)

Beschreibung

Kopieren Sie die Impulskarten (KV auf S. 11 oben) vorab im Klassensatz sowie einmal auf Folie. Zur Einstimmung auf das Thema können Sie den Leitsatz *Todos diferentes, todos necesarios* an die Tafel schreiben, sodass die Schüler in einem Brainstorming ihre Gedanken zum Zusammenleben unterschiedlicher Menschen formulieren. Teilen Sie dann die Impulskarten aus und klären Sie mögliche Verständnisschwierigkeiten. Fordern Sie die Schüler auf, die Impulskarten auszuschneiden und im Heft – angeleitet von den Impulsen – stichpunktartig zu notieren, inwiefern die Einwanderer das Leben im eigenen Land bereichern.

Rufen Sie dazu auf, mit den Impulskarten und den Notizen in der Hand durch den Raum zu wandern und sich einen Partner zu suchen. Die Schüler lassen ihre Partner jeweils aus den verdeckten Impulskarten eine Karte ziehen. Dann tauschen die beiden ihre Gedanken zum Thema aus. Selbstverständlich können sie dabei auch kritische Einwände äußern. Sind sie fertig, zieht der andere Schüler eine Karte, sodass ein weiterer Gesprächsanstoß gegeben wird. Handelt es sich um den gleichen Impuls, zieht er eine andere Karte. Geben Sie nach ca. 7 Minuten durch ein akustisches Signal an, dass neue Paare gebildet werden sollen. Das Vorgehen wird daraufhin wiederholt.

Hinweise

- Der Meinungsaustausch verlangt nach Sätzen im *subjuntivo*. Wiederholen Sie zunächst die erforderlichen Konstruktionen und/oder stellen Sie ggf. unterstützendes Sprachmaterial zur Verfügung (KV auf S. 11 unten).
- Die Qualität der Gespräche kann um ein Vielfaches gesteigert werden, wenn sich die Schüler vorab Hintergrundwissen zum Thema aneignen oder Sie dieses Spiel im Rahmen der Unterrichtseinheit zur Einwanderung nach Spanien oder in die USA durchführen. Schieben Sie deshalb ggf. vor dem Spiel eine Recherchephase ein, in der die Schüler vorbereitetes Material sichten oder sich die nötigen Informationen im Internet und/oder der Bibliothek eigenständig erarbeiten.

Expresar opiniones

Lehrerhinweise

Variante

Je nach Klassengröße können die Gespräche auch in Kleingruppen geführt werden.

Reflexion

- Wie bewertet ihr abschließend die Gespräche? Habt ihr neue Ideen gesammelt?
- Inwiefern habt ihr selbst mit der Integration von Ausländern in eurem Alltag zu tun? Habt ihr eure Einstellung dazu vielleicht nun geändert?

Weiterführung

Zur Festigung der Ergebnisse können die Schüler in einer Hausaufgabe eine E-Mail an die Regierung schreiben, in der sie beispielsweise zur Öffnung der Grenzen aufrufen und die Gründe dafür noch einmal wiederholen. Es bietet sich weiterhin an, eine Talkshow zum Thema *Inmigrantes – ¿maldición o bendición?* anzuschließen, in der Vor- und Nachteile der Einwanderungswellen gegenübergestellt werden.

Expresar opiniones

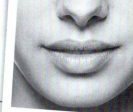

Kopiervorlage: Impulskarten

enriquecimiento cultural	crecimiento de sectores productivos (agricultura y construcción)
enriquecimiento social	innovación en la gastronomía
innovación en la industria	innovación en el arte y la literatura
crecimiento del producto interior bruto (PIB) nacional	ampliación de su horizonte mental
rejuvenecimiento generacional vital	concienciación de su propia identidad

Kopiervorlage: Redemittel

Dar su opinión

ser de la opinión de que …
en mi opinión …
a mi modo de ver …
pensar que …

ser necesario (+inf.)
hacer falta (+inf.)

(no) estar de acuerdo con …
(no) tener razón
no creer que (+ subj.) …

por un lado …, por otro lado …

Ir al médico

Lehrerhinweise

Spielart: Kommunikationsspiel/Rollenspiel	**Dauer:** ca. 15 Minuten
Thema: Arztbesuch	**Sozialform:** Partnerarbeit
Ziel: einen Dialog beim Arzt simulieren	**Material:** Tandembogen (KV auf S. 13)
Lernjahr: ab 3	

Beschreibung

Kopieren Sie vorbereitend den Tandembogen (KV auf S. 13) im halben Klassensatz und falten Sie die Bögen jeweils längs entlang der gepunkteten Mittellinie. Damit Sie sie mehrmals verwenden können, bietet es sich an, diese zu laminieren.
Lassen Sie die Schüler Paare bilden und teilen Sie an jedes Schülerpaar einen Tandembogen aus. Jeweils ein Schüler schlüpft in die Rolle des Patienten (A) und ein Schüler in die Rolle des Arztes (B). Dafür halten die Partner den gefalteten Bogen so zwischen sich, dass der eine nur Seite A, der andere nur Seite B sehen kann.
Nun stellen die Schüler den Dialog nach, indem sie abwechselnd ihre Aussagen übersetzen. Mithilfe ihres Textes können die Schüler den Partner kontrollieren und ggf. korrigieren.
Im Anschluss tauschen die Schüler die Rollen, drehen also den Tandembogen um und führen das Gespräch ein zweites Mal.

Hinweis

Zur indirekten Fehlerkorrektur können Sie nach der Übung in Partnerarbeit ein 2er-Team auswählen, das den Dialog vor der Klasse präsentiert.

Varianten

- Es lässt sich ein weiterer Dialog anschließen, bei dem die Schüler frei formulieren und ggf. ein anderes Krankheitsbild beschreiben. Jeder Dialog kann in eine derartige Tandemübung umgewandelt werden.
- Die Schüler können auch aus einem selbst verfassten Gespräch einen Tandembogen erstellen.

Reflexion

- In welcher Rolle habt ihr euch wohler gefühlt? Warum?
- Welche Ausdrücke könnten euch bei einem Arztbesuch helfen?

Spiele zur Unterrichtsgestaltung

Ir al médico

Kopiervorlage: Tandembogen

A <u>el paciente</u>	B <u>el médico</u>
Buenos días. ¿Qué le pasa?	Guten Tag. Was fehlt Ihnen?
Guten Tag, Doktor. Ich weiß nicht, was mir fehlt. Es geht mir schlecht. Ich bin immer sehr müde, ich habe zu nichts Lust. Ich fühle mich sehr schwach. Ich glaube, ich bin krank.	Buenos días, doctor. No sé qué me pasa. Estoy mal. Siempre estoy muy cansado, no tengo ganas de hacer nada. Me encuentro muy débil. Creo que estoy enfermo.
¿Dónde tiene dolor?	Wo haben Sie Schmerzen?
Ich habe Gliederschmerzen, Kopfschmerzen und Halsschmerzen.	Tengo dolor en los músculos, en la cabeza y en la garganta.
A ver. ¿Qué pasa con sus orejas? ¿Tiene (usted) dolor aquí también? Tengo que examinarlas.	Mal sehen. Was ist mit Ihren Ohren? Haben Sie da (aquí) auch Schmerzen? Ich muss sie untersuchen.
Da (aquí) habe ich keine Schmerzen. Aber manchmal habe ich Hustenanfälle (ataques de tos).	No tengo dolor aquí. Pero a veces tengo ataques de tos.
Pues voy a auscultar el pulmón. ... No suena muy bien. ¿Tiene mucho frío o calor?	Ich werde mal die Lunge abhorchen (auscultar el pulmón). Das hört sich nicht sehr gut an. Ist Ihnen sehr kalt oder warm?
Weder das eine noch das andere. (Ni ... ni ...)	Ni lo uno ni lo otro.
Sin embargo voy a tomar la temperatura. ... ¡Oh sí!, tiene fiebre. Son síntomas de la gripe. ¿Cómo está su apetito?	Trotzdem werde ich Fieber messen. Oh doch, Sie haben Fieber! Das sind Symptome der Grippe. Wie steht es um Ihren Appetit?
Ich esse nicht viel. Aber ich habe viel Durst.	No como mucho. Pero tengo mucha sed.
No es una infección muy seria. Pero quede en casa hasta el jueves y descanse mucho. Tiene que beber mucha agua o té. Voy a prescribirle una medicina. Aquí tiene (usted) la receta. En unos días (usted) va a estar mejor.	Es ist keine sehr ernste Infektion. Aber bleiben Sie bis Donnerstag zu Hause und ruhen sich viel aus. Sie müssen viel Wasser oder Tee trinken. Ich werde Ihnen ein Medikament verschreiben. Hier haben Sie das Rezept. In ein paar Tagen wird es Ihnen besser gehen.
Vielen Dank! Sie haben mich sehr beruhigt. Bis bald.	¡Muchas gracias! (Usted) me ha tranquilizado mucho. Hasta luego.
De nada. Hasta luego. ¡Que se mejore!	Nichts zu danken. Bis bald. Gute Besserung! (¡Que se mejore!)

Preparar una fiesta

Lehrerhinweise

Spielart: Kommunikationsspiel

Thema: Wortfeld *la fiesta*

Ziel: Lebensmittel und Gegenstände zur Vorbereitung einer Party zusammentragen und erinnern

Lernjahr: ab 1

Dauer: ca. 10 Minuten

Sozialform: alle zusammen

Material: —

Beschreibung

Wie in dem Spiel „Ich packe meinen Koffer ..." sammeln die Schüler hier Vokabular zur Vorbereitung einer Party. Fordern Sie die Schüler auf, sich hinzustellen. Ein Schüler beginnt, indem er einen Satz formuliert und einen Gegenstand nennt, den er zu einer Party mitbringt, z. B.: *Voy a llevar la música.* Es folgt der Sitznachbar, der den ersten Gegenstand wiederholt und einen neuen hinzufügt, z. B.: *Voy a llevar la música y una ensalada.* Der Reihe nach wird so die Redekette immer länger. Wer einen Fehler macht, scheidet aus und setzt sich hin.

Hinweise

- Legen Sie anhand eines Beispielsatzes das Tempus fest. Es bieten sich sowohl das Präsens als auch die Futurformen an.
- Je nach Lernstand können Sie ggf. eine Phase voranstellen, in der die Schüler in Einzelarbeit eine Mindmap zum Thema erstellen.

Varianten

- Dieses Spiel kann zur Erhöhung des Redeanteils auch in Kleingruppen durchgeführt werden.
- Schwieriger wird es, wenn zu dem Gegenstand auch der Name genannt werden soll: *Yo soy Anna y voy a llevar la música. Ella es Anna y va a llevar la música y yo soy Marc y voy a llevar una ensalada ...*

Reflexion

- Wie viele Gegenstände habt ihr euch gemerkt?
- Welche Gegenstände konntet ihr euch gut merken? Welche weniger gut? Woran liegt das?
- Wie geht ihr vor, wenn ihr euch Inhalte einprägen wollt? Welche Tipps lassen sich auch auf das Lernen von Vokabeln übertragen?

Describir y dibujar

Lehrerhinweise

Spielart: Kommunikationsspiel	**Dauer:** ca. 10 Minuten
Thema: Personenbeschreibung	**Sozialform:** Partnerarbeit
Ziel: Fragen zu einer Person stellen und diese entsprechend zeichnen	**Material:** Buntstifte sowie 1 leeres DIN-A4-Blatt für jeden Schüler
Lernjahr: ab 1	

Beschreibung

Die Schüler finden sich zu zweit zusammen. Zunächst zeichnet jeder still für sich eine Person auf die linke Hälfte eines quer gelegten Blattes. Wichtig ist dabei, dass der andere die Zeichnung nicht sieht. Weisen Sie darauf hin, dass es nicht darum geht, schön zu malen, sondern wesentliche Merkmale einer Person, wie z. B. Haar- und Augenfarbe, Kopfform und besondere Auffälligkeiten, wie das Tragen einer Brille, sichtbar zu machen.

Sind die Zeichnungen fertig, beginnt ein Schüler, dem anderen eine Frage zu seiner Person zu stellen, z. B. *¿Cómo es la forma de su cabeza?* Der Befragte antwortet – mit Blick auf seine Zeichnung – möglichst genau, sodass der andere die Person auf der rechten, noch leeren Seite seines Blattes gleichermaßen nachzeichnen kann. Jetzt stellt der Partner die Frage und verfährt ebenso. Nach und nach entstehen auf diese Weise insgesamt vier Zeichnungen. Abschließend vergleichen die Schüler ihre Personen und reflektieren die Übereinstimmungen und mögliche Abweichungen.

Hinweise

- Freude bereitet dieses Spiel vor allem jungen Fremdsprachenlernern. Dennoch kann es auch in der Sekundarstufe II eingesetzt werden und zur Auflockerung des Unterrichts beitragen.
- Je nach Ausstattung der Schule lässt sich dieses Spiel zur besonderen Motivation auch im Medienraum mit einem Zeichenprogramm am Computer durchführen.

Variante

Neben Personen bieten sich für die Zeichnung auch Tiere, Landschaften oder Räume an.

Reflexion

- Inwiefern stimmten eure Bilder überein?
- Woran lag es, dass es Unterschiede gab?
- Welche Fragen habt ihr formuliert?
- Welche Adjektive haben euch bei der Zeichnung geholfen? Welche Begriffe haben euch noch gefehlt?

La familia

Lehrerhinweise

Spielart: Kommunikationsspiel

Thema: Informationen zur Person, Wortfeld *la familia*

Ziel: gezielte Informationen zu Personen erfragen, um seine Familie zu finden, Wortschatz erweitern

Lernjahr: 1–3

Dauer: ca. 20 Minuten

Sozialform: Großgruppen, alle zusammen

Material: Personenkarten (KV auf S. 17), 2–4 leere Folien

Beschreibung

Kopieren Sie vorab die Personenkarten (KV auf S. 17) im Klassensatz. Teilen Sie die Klasse ggf. in zwei große Gruppen und verteilen Sie die Personenkarten so, dass je nach Schülerzahl die Familien doppelt besetzt sind, oder erstellen Sie weitere Personenkarten. Jeder Schüler schlüpft nun in die Rolle eines Familienmitglieds, läuft durch den Klassenraum und sucht durch Fragen seine Familie, z. B.: *¿Cómo te llamas? ¿Cómo se llama tu madre/...? ¿Cuántos años tienes? ¿Tienes hermanos? ¿Cómo se llaman?* ...

Haben sich die Mitglieder einer Familie gefunden, erstellen sie zur Ergebniskontrolle einen Familienstammbaum auf einer Folie und präsentieren diesen später vor der Klasse.

Variante

Zur Erhöhung des Schwierigkeitsgrades können Sie oder die Schüler selbst auch komplexere Personenkarten entwerfen und/oder bestimmte Fragen vorab formulieren, z. B.: *¿Cómo se llaman los nietos de Marta?*

Reflexion

- Habt ihr eure Familienmitglieder zügig gefunden?
- Welche Fragen haben euch dabei geholfen?
- Welche Schwierigkeiten ergaben sich möglicherweise?

Weiterführung

Sind die Familien vollständig, können weitere Aufträge in den Gruppen erfolgen, z. B. das Verfassen eines Dialoges innerhalb der Familie, die Gestaltung von Steckbriefen, Rollenspiele, Treffen der Generationen ...

La familia

Kopiervorlage: Personenkarten

Soy Marta. Tengo 71 años. Soy la abuela de Julio, Gabriela, José y Eva.

Soy Juan. Tengo 82 años. Mi mujer se llama Marta. Tengo 4 nietos. Mis nietas se llaman Gabriela y Eva.

Soy Clea. Mi primo tiene 7 años. Mi madre se llama Rosa y mi abuela se llama Clara.

Soy María. Mi marido se llama Fernando. Mi hijo se llama Carlos y tiene 7 años. Tengo 2 sobrinos.

Soy Julio. Tengo 13 años. Mi abuela se llama Marta. Tengo 3 hermanos.

Soy Manolo. Mi hermana tiene 8 años. Mi madre tiene 38 años. Tengo un tío. Se llama Fernando.

Soy Pepe. Mi mujer se llama Rosa. Mi hermano tiene un hijo.

Soy Eva. Tengo 4 años. Mi padre se llama Luis. Tengo 3 hermanos.

Soy Rosa. Tengo 38 años. Tengo dos hijos. Mis hijos tienen 8 y 11 años.

Soy Clara. Tengo 65 años. Mi marido está muerto. Tengo 2 hijos.

Soy Carlos. Tengo 7 años. No tengo hermanos, pero tengo 2 primos.

Soy José. Mis padres se llaman Carolina y Luis. Tengo 6 años.

Soy Gabriela. Tengo 9 años. Mi madre se llama Carolina. Tengo 2 hermanos.

Soy Fernando. Tengo 33 años. Mi hermano se llama Pepe. Mi mujer se llama María. Tengo un hijo.

Soy Luis. Mi mujer y yo tenemos 4 hijos. Mi padre tiene 82 años.

Soy Carolina. Tengo 4 hijos. Mi marido se llama Luis y tiene 40 años.

¿Dónde está ...?

Lehrerhinweise

Spielart: Quizspiel
Thema: Präpositionen, Gebrauch von *estar*, Wortfeld *el aula*
Ziel: durch Entscheidungsfragen herausfinden, wo sich ein Gegenstand befindet

Lernjahr: ab 1
Dauer: ca. 10 Minuten
Sozialform: alle zusammen
Material: 1 Schal o. Ä. zum Verbinden der Augen

Beschreibung

Wählen Sie zunächst gemeinsam mit den Schülern einen Gegenstand im Klassenraum, der sich zum Verstecken eignet, z. B. eine Gießkanne, Kreide, Schwamm o. Ä. Verbinden Sie nun einem Schüler mit einem Schal die Augen und helfen Sie ihm, den Klassenraum zu verlassen. Die anderen verstecken den Gegenstand und holen den Mitschüler wieder herein. Dieser soll nun anhand von Entscheidungsfragen herausfinden, wo sich der Gegenstand befindet, z. B. *¿Está la regadera debajo de la ventana?/¿Está debajo de la ventana, la regadera?* Die Mitschüler antworten nur knapp mit *sí* oder *no*. Hat der Schüler die Position des Gegenstandes erraten, darf er den Schal entfernen und einen Mitschüler auswählen, der für die nächste Runde den Raum verlässt.

Hinweis

Dieses Spiel eignet sich in besonderem Maße zur Anwendung bzw. Festigung der Präpositionen sowie zur Einübung des Fragesatzes.

Reflexion

- Wie seid ihr vorgegangen, um den Gegenstand zu finden?
- Welche Präpositionen habt ihr verwendet?

Veo veo

Lehrerhinweise

Spielart: Quizspiel
Thema: Personenbeschreibung
Ziel: Gegenstände beschreiben und erraten
Lernjahr: 1–3

Dauer: ca. 5 Minuten
Sozialform: alle zusammen, Partnerarbeit
Material: ggf. das Lied „*Veo veo*" (auf CD, als MP3 oder auf YouTube) und Abspielmöglichkeit

Beschreibung

Wie in dem bekannten Kinderspiel „Ich sehe was, was du nicht siehst" geht es auch in diesem Spiel darum, einen ausgewählten Gegenstand im Raum zu erraten. Als Hinweis dient dazu jedoch nicht die Farbe, sondern der Anfangsbuchstabe der spanischen Bezeichnung. Zur Einführung empfiehlt es sich, zunächst eine Runde gemeinsam mit der ganzen Klasse zu spielen. Anschließend lässt sich das Spiel – vor allem in leistungsstarken Klassen – auch in Kleingruppen oder Partnerarbeit durchführen, um den Redeanteil der einzelnen Lerner zu erhöhen. Erläutern Sie das Vorgehen und stellen Sie die erforderlichen Redemittel für den Dialog zur Verfügung. Schreiben Sie dazu je nach Lernstand Ihrer Schüler die erforderliche Satzkonstruktion an die Tafel: A: «*Veo, veo.*» – B: «*¿Qué ves?*» – A: «*Una cosita.*» – B: «*¿Y qué cosita es?*» – A: «*Empieza con la letra ...*» – B: «*Es ...*» – A: «*Sí/No.*» ... Beginnen Sie dann das Spiel, indem Sie einen Schüler vor die Tür schicken und gemeinsam mit der Klasse einen Gegenstand auswählen. Bitten Sie anschließend den Schüler herein und fordern Sie ihn auf, mithilfe des Beispieldialogs den gesuchten Begriff zu erraten. Er ist also Person B, während den Redeanteil von Person A mehrere Schüler abwechselnd übernehmen können. Sobald der Gegenstand erraten wurde, geht ein anderer Schüler vor die Tür und das Spiel beginnt von vorn.

Hinweise

- Vermutlich ist Ihren Schülern das Lied „*Veo veo*" von der Gruppe Hot Banditoz bekannt. Zur besonderen Motivation können Sie es als Einstieg abspielen.
- Fordern Sie die Schüler dazu auf, möglichst nur bereits bekannte Vokabeln zu verwenden, da die Begriffe sonst nicht zu erraten sind.

Variante

Nach dem Spielprinzip der deutschen Entsprechung können die Hinweise neben dem Anfangsbuchstaben auch vielfältiger sein und z. B. etwas über die Farbe oder den Nutzen des gewählten Gegenstandes aussagen.

Reflexion

Wie ist es, ein bekanntes Spiel aus der Kindheit nun in der Fremdsprache zu spielen?

Historia con sombrero

Lehrerhinweise

Spielart: Kommunikationsspiel
Thema: Erzählen
Ziel: spontan eine Geschichte weitererzählen

Lernjahr: ab 2
Dauer: ca. 15–20 Minuten
Sozialform: alle zusammen
Material: 1 Hut

Beschreibung

Die Schüler bilden in der Mitte des Raumes einen Stuhlkreis. Setzen Sie sich einen Hut auf und beginnen Sie, eine Geschichte zu erzählen. Stoppen Sie an einer beliebigen Stelle und geben Sie den Hut an einen Schüler weiter. Dieser führt nun die Geschichte fort, bevor auch er an einen Mitschüler weitergibt.

Hinweise

- Anhand dieses Spiels lassen sich das *indefinido* und das *imperfecto* festigen und wiederholen, wenn Sie z. B. einen Klassenausflug nacherzählen.
- Sind der Lerngruppe die Vergangenheitsformen noch nicht bekannt, können Sie beispielsweise einen Tag der Woche beschreiben, indem Sie erzählen, wie er sich für gewöhnlich abspielt.

Varianten

- Zur Einleitung der Geschichte kann jeder Schüler auch einen Anfang auf einen kleinen Zettel schreiben. Die Zettel werden verdeckt in die Mitte des Kreises gelegt. Für jeden Durchgang wird dann einer der Zettel gezogen.
- Dieses Spiel bietet sich auch zur schriftlichen Durchführung an. Dafür empfiehlt es sich jedoch, Kleingruppen zu bilden. Entscheiden Sie je nach Lerngruppe, ob bei dieser Variante ein Gruppenmitglied die Schreibaufgabe übernimmt oder jeder Schüler die Geschichte in sein Heft schreiben soll.

Reflexion

- Wie war es für euch, gemeinsam eine Geschichte zu erzählen?
- Beschreibt den Moment, in dem ihr den Hut bekommen habt.
- Wie bewertet ihr abschließend die Geschichte?

¡Represéntalo!

Lehrerhinweise

Spielart: Quizspiel
Thema: Imperative
Ziel: Tätigkeiten erraten
Lernjahr: ab 2

Dauer: ca. 10 Minuten
Sozialform: Kleingruppen
Material: 3–5 Karteikarten für jeden Schüler

Beschreibung

Lassen Sie Kleingruppen bilden und fordern Sie die Schüler auf, auf Karteikarten Imperative zu schreiben, die sich gut pantomimisch darstellen lassen. Sammeln Sie die Karteikarten ein und verteilen Sie diese so, dass jede Gruppe nun mit den Karten einer anderen Gruppe spielt. Die Karten werden gemischt und in einem Stapel verdeckt auf den Tisch gelegt. Jetzt beginnt ein Schüler, indem er eine Karte zieht und die ausgeschriebene Tätigkeit ausführt. Die anderen Schüler müssen möglichst genau mit einem Imperativ formulieren, welche Anweisung er gerade ausführt. Wer dabei richtig liegt, erhält ebenso einen Punkt wie der, der den Imperativ pantomimisch umgesetzt hat. Wenn der Imperativ nicht erraten wird, gibt es auch für den Darsteller keinen Punkt. Wer die Anweisung treffend umschreibt, erhält einen halben Punkt.

Hinweis

Es empfiehlt sich, in jeder Gruppe für jede Runde je einem Schüler die Aufgabe eines Schiedsrichters zu übertragen.

Variante

Das Spiel lässt sich auch in Partnerarbeit oder mit allen zusammen durchführen.

Reflexion

Welche Imperative konntet ihr nicht erraten? Woran liegt das?

Conflicto con imperativos

Lehrerhinweise

Spielart: Rollenspiel

Thema: Imperative, *subjuntivo*, Familienkonflikt

Ziel: einen Familienkonflikt mit Imperativen simulieren

Lernjahr: 1–3

Dauer: ca. 15 Minuten

Sozialform: Einzelarbeit, Kleingruppen

Material: –

Beschreibung

Für ein Rollenspiel in Kleingruppen soll jeder Schüler zunächst in Einzelarbeit drei bejahte und drei verneinte Imperative für ein Streitgespräch in der Familie über den Wunsch eines Piercings im Heft notieren. Erläutern Sie dazu vorab die Situation und verteilen Sie die Rollen durch Abzählen. An dem Gespräch beteiligt sind die Tochter (Person 1), die sich ein Piercing wünscht, sowie der Vater (Person 2) und der kleine Bruder (Person 3). In der Diskussion sollen später mindestens zehn bejahte und zehn verneinte Imperative verwendet werden. Nach der Einzelarbeit treffen sich jeweils die Personen 1, 2 und 3 in Kleingruppen und stellen die Situation möglichst authentisch nach. Sie könnten (für höhere Lernjahre) folgenden detaillierten Arbeitsauftrag auf Spanisch geben: *Preparad un juego de roles en un grupo de tres personas. Usad por lo menos diez imperativos negativos y diez imperativos positivos, haced apuntes y preparad una presentación auténtica. La situación es la siguiente: Una hija (persona 1) quiere hacerse un piercing. Por eso discute con su padre (persona 2). Hay un conflicto en la familia por la forma de hablar y el estilo de ropa especial de la adolescente. El hermano menor (persona 3) participa en la discusión también y provoca a los otros.*

Hinweise

- Dieses Rollenspiel bietet sich auch für die Festigung des *subjuntivo* an.
- Zur Ergebnissicherung können Sie abschließend eine Gruppe zur Präsentation ihres Konfliktes vor der Klasse auffordern und die verwendeten Imperative und die *subjuntivo*-Formen an der Tafel notieren.

Variante

Selbstverständlich können weitere Personen und Streitpunkte ergänzt werden.

Reflexion

- Beschreibt eure Gedanken und Gefühle während des Rollenspiels. Konntet ihr euch gut mit eurer Rolle identifizieren?
- Welche Imperative wurden verwendet?
- Welche sprachlichen Schwierigkeiten haben sich evtl. ergeben?

Soñar con tu futuro

Lehrerhinweise

Spielart: Kommunikationsspiel	**Dauer:** ca. 15 Minuten
Thema: Wünsche, *subjuntivo*	**Sozialform:** Kleingruppen
Ziel: Wünsche und Pläne formulieren	**Material:** 1 Würfel und 1 Quietschtier (z. B. Quietscheente) für jede Kleingruppe
Lernjahr: 3–4	

Beschreibung

Die Schüler finden sich in Kleingruppen zusammen und erhalten pro Gruppe einen Würfel und ein Quietschtier. Das Quietschtier wird in die Mitte des Tisches gelegt. Geben Sie das Thema *Soñar con tu futuro* vor und erläutern Sie das Vorgehen. Der erste Schüler beginnt, indem er würfelt. Je nach Augenzahl soll nun ein Satz mit dem entsprechenden, von Ihnen zuvor an die Tafel geschriebenen Satzanfang formuliert werden:

1: Quiero que ...   *2: No quiero que ...*   *3: Espero que ...*
4: No espero que ...   *5: Le pido que ...*   *6: Le recomiendo que ...*

Wer eine Idee hat, signalisiert dies durch das Quietschtier. Wer zuerst quietscht, darf nun seinen Satz formulieren. Ist er sprachlich korrekt und inhaltlich sinnvoll, erhält er einen Punkt.

Hinweis

Entscheiden Sie je nach Lerngruppe, ob Sie vorab den *subjuntivo* wiederholen.

Varianten

- Haben Sie keine Würfel zur Hand, können Sie die Satzanfänge ebenso auf kleine Zettel schreiben, von denen die Schüler jeweils einen ziehen sollen.
- Zur Festigung bietet sich auch eine schriftliche Durchführung an.

Reflexion

- Mit welchen Anfängen konntet ihr viele Sätze bilden? Bei welchen ist es euch schwergefallen?
- Inwiefern decken sich eure Pläne und Wünsche? Inwiefern unterscheiden sie sich?

El mundo dentro de cien años

Lehrerhinweise

Spielart: Kommunikationsspiel
Thema: Zukunftsvisionen, *subjuntivo*
Ziel: Vorstellungen über die Welt in der Zukunft formulieren

Lernjahr: 3–4
Dauer: ca. 10–15 Minuten
Sozialform: alle zusammen
Material: 11 DIN-A3-Plakate

Beschreibung

Bereiten Sie vorab DIN-A3-Plakate mit den folgenden Impulsen vor: *la educación, la comida, los viajes, la familia, el dinero, los idiomas, la naturaleza, las ciudades, mi país, los ordenadores, la comunicación.*

Schieben Sie zunächst Tische und Stühle an den Rand des Klassenraumes, damit die Schüler sich in der Mitte in einem großen Kreis aufstellen können. Formulieren Sie das Thema des Spiels, indem Sie dazu aufrufen, sich Gedanken über die Welt in 100 Jahren zu machen, und legen Sie die DIN-A3-Plakate mit den Impulsen für alle gut sichtbar in die Mitte: *¿Cómo esperáis o deseáis que sea el mundo dentro de cien años? Podéis referiros a los siguientes temas.* Ein Schüler beginnt, indem er einen beliebigen Impuls aus der Mitte auswählt und laut einen Satz formuliert, den er mit dem Schlagwort verbindet. Anschließend tritt er aus dem Kreis und läuft hinter den Mitschülern herum, bis er den nächsten Redner bestimmt, indem er ihm auf die Schulter tippt. Während der neue Schüler einen Impuls aus der Mitte auswählt und einen Satz formuliert, begibt sich der Vorredner wieder an seinen Platz.

Hinweis

Das Thema verlangt nach Konstruktionen im *subjuntivo*. Sollte die Lerngruppe mit dem *subjuntivo* noch Schwierigkeiten haben, seien Sie fehlertolerant, um den Schwerpunkt auf die inhaltliche Ebene zu setzen und die Schüler in ihren Ideen nicht unnötig auszubremsen.

Reflexion

- Habt ihr ähnliche Vorstellungen von der Welt in 100 Jahren? Worin unterscheiden sich eure Ideen voneinander?
- Welche Vorstellungen beeindrucken euch? Welche machen euch eher Angst?
- Wie drücken wir unsere Vorstellungen für die Zukunft in der Fremdsprache aus? Wie im Deutschen?

Weiterführung

Im Anschluss an das Spiel bietet es sich zur Vertiefung an, dass jeder Schüler einen Impuls auswählt und einen Text zum Thema verfasst.

Cuatro visiones distintas

Lehrerhinweise

Spielart:	Kommunikationsspiel	**Sozialform:**	Einzelarbeit, Kleingruppen
Thema:	Debatte über lateinamerikanische Einwanderer in den USA	**Material:**	Rollenkarten (KV auf S. 27), Namensschilder (KV auf S. 28), ggf. Redemittel (KV auf S. 29), ggf. Internetzugang für jede Kleingruppe, 1 Karteikarte für jeden Schüler
Ziel:	aus einer vorgegebenen Perspektive argumentieren		
Lernjahr:	ab 3		
Dauer:	ca. 90 Minuten		

Beschreibung

Bei diesem Spiel debattieren die Schüler aus der Sicht eines legalen Einwanderers, eines konservativen amerikanischen Bürgermeisters, einer Expertin für Demografie und Wirtschaft sowie eines Grenzpolizisten über die Immigration aus Lateinamerika in die USA.
Kopieren Sie vorab einmal die Rollenkarten (KV auf S. 27) sowie die Namensschilder (KV auf S. 28). Ziehen Sie außerdem ggf. die unterstützenden Redemittel (KV auf S. 29) auf eine Folie und präsentieren diese während der Arbeit für alle sichtbar an der Wand. Bilden Sie für jede Rolle einen Gruppentisch, auf den Sie die entsprechende Rollenkarte mit Arbeitsauftrag legen. Teilen Sie dann jedem Schüler z. B. durch Abzählen eine der vier Rollen zu. Die Schüler mit den gleichen Rollen treffen sich wie bei einem Gruppenpuzzle als Expertengruppen an ihrem Rollentisch und erarbeiten kurz allein und dann gemeinsam Argumente für ihre jeweilige Perspektive. Dabei können sie ggf. auf die Textempfehlungen auf den Rollenkarten zurückgreifen – hierzu ist dann ein Internetzugang nötig. Sie notieren ihre Argumente auf einer Karteikarte und wählen einen Schüler aus, der abschließend zur Debatte vor der Klasse antritt. Stellen Sie dafür vor der Tafel eine Tischreihe auf, auf der Sie die Namensschilder verteilen. Hinter diesen nehmen die vier ernannten Schüler Platz. Die Namensschilder sind in der Mitte umzuknicken, sodass die Schüler auf der Rückseite unterstützendes Sprachmaterial finden können.
Ernennen Sie zusätzlich einen leistungsstarken Schüler zum Moderator, der die Präsentationsphase leitet und die Redebeiträge der Vertreter strukturiert. Auch für ihn gibt es eine Rollenkarte und ein Namensschild.

Hinweise

- Die Dauer dieser Übung variiert stark je nach Textgrundlage.
- Eingebettet in Ihren Unterricht können Sie diese Übung auch im Rahmen der entsprechenden Einheit ohne die vorgeschlagenen Textgrundlagen durchführen.

Cuatro visiones distintas

Lehrerhinweise

Variante

Um den Redeanteil aller Schüler zu erhöhen, können Sie alternativ auch mehrere Debatten gleichzeitig durchführen lassen. In diesem Fall müssen Sie die Namensschilder entsprechend vervielfältigen.

Reflexion

- Wie bewertet ihr den Ablauf der Debatte?
- Welcher Vertreter war besonders überzeugend? Warum? Welche Formulierungen haben zur Überzeugung beigetragen?
- In welcher Rolle habt ihr euch wohlgefühlt? Mit welchen Vertretern konntet ihr euch nicht identifizieren?
- Vergleicht die Debatte um die Immigration in die USA mit der aktuellen Situation der Flüchtlinge in Deutschland.

Cuatro visiones distintas

Kopiervorlage: Rollenkarten

Eres **Patrick Jackson, un guardia de la migra** en la frontera entre México y EE.UU. Eres indeciso e ingenuo.
- Describe tu trabajo en la zona fronteriza.
- Habla de tus problemas con los inmigrantes ilegales.

Actividad: Expón los argumentos en una ficha. Tal vez el texto «En la frontera del sueño americano» puede ayudarte. (http://elpais.com/diario/2006/04/02/domingo/1143949955_850215.html)

Eres **Jerry Sanders, el alcalde conservador** de San Diego. Eres directo y agresivo.
- Resume lo que reprochan los estadounidenses a los inmigrantes (criminalidad, drogas, inseguridad, trabajo, etc.).
- Explica por qué los inmigrantes no deberían tener más derechos.

Actividad: Expón los argumentos teniendo en cuenta el texto «Un chicano típico».
(www.bbc.co.uk/spanish/especiales/mundolatino/vivencias_raices.shtml)

Eres **Roberto Nieto, un inmigrante legal** de origen mexicano. Te basas en emociones y estás desilusionado.
- Destaca tus motivos para emigrar y tus sueños.
- Habla de tu vida actual (trabajo, contacto social, lengua, cultura, etc.)
- Expón la situación de tu amigo José, un inmigrante ilegal, y describe su viaje hacia EE.UU.

Actividad: Apunta argumentos en una ficha teniendo en cuenta también los textos «Un chicano típico» (www.bbc.co.uk/spanish/especiales/mundolatino/vivencias_raices.shtml) y «En la frontera del sueño americano» (http://elpais.com/diario/2006/04/02/domingo/1143949955_850215.html).

Eres **Sheila Antony, una experta en demografía y economía** de EE.UU. Eres racional y comprometida.
- Destaca la importancia de los inmigrantes para la economía y la demografía de EE.UU.
- Describe cómo se puede mejorar la convivencia de los inmigrantes y los estadounidenses.

Actividad: Apunta argumentos en una ficha teniendo en cuenta sobre todo informaciones sobre el TLCAN (Tratado de Libre Comercio de América del Norte) o NAFTA (North American Free Trade Agreement).

Eres **el moderador** del debate. Te basas en hechos y números y eres objetivo.
- Da una introducción. Saluda y presenta a los invitados.
- Pide primero una breve toma de posición.
- Mantén el transcurso del debate (dirige si alguien no puede/quiere tomar la palabra).
- Ten cuidado a que se discuta ordenada y respetuosamente.

Cuatro visiones distintas

Kopiervorlage: Namensschilder

---

hay que tener en cuenta que: sería fantástico/genial/ maravilloso/estupendo si pudiéramos/tuviéramos ...; me encanta; me gusta; a lo mejor; quizás; puede ser que; con un poco de suerte; seguro que; es una oportunidad ...

Sheila Antony –
experta en demografía y economía

hay que tener en cuenta que; temo que; me asusta; tengo miedo de; es horrible que; ¿qué haces si ...?; ¿qué pasa si ...?; ¿qué podría pasar?; todo el mundo sabe que; he oído que; me han contado que; me da pena pensar en; es una pena/es cruel; estoy en contra de; me molesta; es una locura; es una lástima; es mentira ...

Jerry Sanders –
alcalde conservador de San Diego

¡Bienvenido(s) a ...!; el tema es ...; hay que resolver la situación; tenemos ... invitados; le doy la palabra a ...; ¿qué piensa usted? ¿cuál es su opinión?; las estadísticas dicen que; ¿estás de acuerdo?; hemos visto que; hay que buscar una solución; resumiendo se puede decir que ...

moderador

---

de hecho; es evidente que; fíjate en; toma en cuenta; es obvio que; es conocido que; está claro que; los hechos son los siguientes; es verdad que; es seguro que; es/está claro que; es cierto que; es obvio que; es indiscutible que; estoy seguro de (que) ...

Patrick Jackson –
guardia de la migra

hay que tener en cuenta que; es una tontería; es una locura; tengo miedo de; me asusta; me duele; me da vergüenza; me da asco; me da pena pensar en; es horrible que; es una pena/crueldad; me molesta; es injusto; es una lástima; es mentira; desde mi punto de vista; estoy totalmente en contra/a favor de; me encanta; me gusta; es maravilloso que; es estupendo; es una suerte; estoy orgulloso de ...

Roberto Nieto –
inmigrante legal de origen mexicano

Cuatro visiones distintas

Kopiervorlage: Redemittel

Hacer un debate

Soporte lingüístico para expresar …

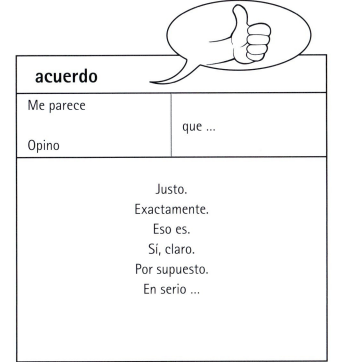

acuerdo	
Me parece	que …
Opino	
Justo. Exactamente. Eso es. Sí, claro. Por supuesto. En serio …	

desacuerdo		
No	creo	que (+ subjuntivo) …
	pienso	
ni hablar, eso no es así este argumento no es convincente ¡Por Dios! ¡Mentira! ¡No me diga(s)! De ninguna manera. ¡Increíble! ¡Hombre (cállate)!		

El debate me ha gustado porque …
Me ha disgustado que (+ subjuntivo) …
Quisiera añadir que …

Sentimientos mixtos

Lehrerhinweise

Spielart: Schreibspiel

Thema: Gefühle äußern, Situationen beschreiben

Ziel: sich in ausgewählte Situationen hineinversetzen, Gefühle ausdrücken

Lernjahr: 3–4

Dauer: ca. 15 Minuten

Sozialform: Kleingruppen

Material: Adjektiv- und Situationskarten (KV auf S. 31), 1 Schere für jede Kleingruppe

Beschreibung

Kopieren Sie für jede Kleingruppe einen Satz Adjektiv- und Situationskarten (KV auf S. 31). Lassen Sie Ihre Schüler die Karten ausschneiden und laminieren Sie diese anschließend. In den Kleingruppen legen die Schüler die Karten schließlich auf zwei Stapel verdeckt auf den Tisch. Nun zieht der erste Schüler eine Situations- und eine Adjektivkarte, deckt sie auf und liest sie vor. Alle Schüler formulieren schriftlich eine kurze Beschreibung der Situation und erklären mithilfe des gezogenen Adjektivs das in dieser Situation empfundene Gefühl. Der Reihe nach lesen die Schüler ihre Texte anschließend vor. Die Gruppe stimmt darüber ab, welche Beschreibung besonders überzeugend ist. Der Verfasser erhält einen Punkt. Für die nächste Runde werden die Karten zurückgelegt und zwei neue gezogen.

Hinweis

Die Verknüpfung von Situationen mit scheinbar unzutreffenden Adjektiven erfordert ein hohes Maß an Kreativität. Weisen Sie darauf hin, dass die Gefühlsbeschreibung möglichst gut begründet sein soll, auch wenn sie unter normalen Bedingungen in der Situation nicht nachvollziehbar ist.

Varianten

- Das Spiel wird etwas freier gestaltet, wenn lediglich die Situationskarten verdeckt werden oder sogar alle Karten offen auf dem Tisch liegen. Die Schüler dürfen dann im Uhrzeigersinn Karten auswählen, mit denen sie einen Satz bilden wollen.
- Das Spiel bietet sich auch für die Partnerarbeit an.

Reflexion

- In welche Situation konntet ihr euch leicht hineinversetzen? Was fiel euch eher schwer? Warum?
- Was macht eine besonders gelungene Beschreibung der Situation aus?

Sentimientos mixtos

Kopiervorlage: Adjektivkarten

confuso/-a	triste	contento/-a	agotado/-a
entusiasmado/-a	envidioso/-a	preocupado/-a	alegre
enfadado/-a	sorprendido/-a	alterado/-a	decepcionado/-a
inseguro/-a	triunfante	nervioso/-a	tímido/-a

Kopiervorlage: Situationskarten

en la escuela	en el cine	en el hospital
en casa	en la entrevista de trabajo	en la competición de deporte
en la mesa de comedor	en el cumpleaños de la abuela	en el dentista
en la discoteca	en la cita a ciegas	en la piscina
en el viaje escolar	en el centro comercial	en el estadio de fútbol

Un cuento de hadas diferente

Lehrerhinweise

Spielart: Schreibspiel
Thema: Märchen
Ziel: mithilfe vorgegebener Personen und Orte ein Märchen erzählen
Lernjahr: ab 3

Dauer: ca. 20 Minuten
Sozialform: Kleingruppen
Material: Würfelvorlagen (KV auf S. 33), ggf. Redemittel (KV auf S. 33), 1 Schere und 1 Kleber für jede Kleingruppe

Beschreibung

Kopieren Sie vorab die Vorlagen für die Würfel (KV auf S. 33 oben) einmal für jede Kleingruppe. Ziehen Sie ggf. die Redemittel auf eine Folie (KV auf S. 33 unten) und präsentieren Sie diese während der Arbeit für alle sichtbar an der Wand.

Fordern Sie dann die Gruppen auf, die zwei Würfelvorlagen auszuschneiden, zusammenzulegen und festzukleben. Nun beginnt der erste Schüler, indem er beide Würfel wirft und mit der entsprechenden Person und dem Ort den ersten Satz des Märchens bildet. Im Uhrzeigersinn führen nun nach und nach die anderen Schüler mithilfe des Würfels das Märchen fort.

Fällt es einem Schüler schwer, die gewürfelten Wörter mit der bisherigen Geschichte zu verknüpfen, dürfen die anderen Gruppenmitglieder selbstverständlich helfen. Zur Ergebnissicherung schreibt jedes Gruppenmitglied das Märchen in sein Heft. Abschließend liest jede Gruppe ihr Ergebnis vor.

Variante

Leichter wird es, wenn Sie die Begriffe der Würfelvorlagen um weitere ergänzen, alle Begriffe auf Karten schreiben und diese unter den Gruppenmitgliedern verteilen (in dieser Variante wird kein Würfel eingesetzt). Ebenso wie oben beschrieben, fügen die Schüler reihum einen Satz hinzu. Allerdings können sie überlegen, welche ihrer Karten am besten passt, und wählen sie aus.

Reflexion

▸ Vergleicht die Märchen der einzelnen Gruppen miteinander. Welche Gemeinsamkeiten bzw. Unterschiede stellt ihr fest?
▸ Welches Märchen findet ihr besonders gelungen? Warum?

Un cuento de hadas diferente

Kopiervorlage: Würfelvorlagen

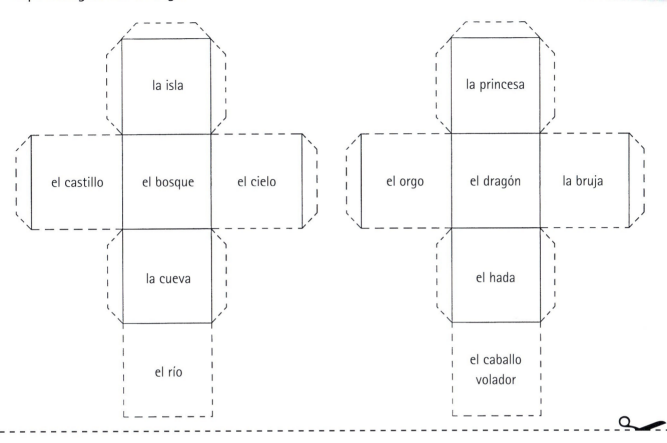

- la isla
- el castillo
- el bosque
- el cielo
- la cueva
- el río

- la princesa
- el orgo
- el dragón
- la bruja
- el hada
- el caballo volador

Kopiervorlage: Redemittel

Erase una vez …
Colorín colorado, este cuento se ha acabado.
Vivieron felices y comieron perdices.

entonces, luego, después, de pronto, mientras, a la vez, pues, a continuación, sin embargo, de repente, súbito …

Ciudades, países, celebridades

Lehrerhinweise

Spielart: Quizspiel

Thema: Spanien und Lateinamerika

Ziel: landeskundliches Wissen erweitern

Lernjahr: ab 1

Dauer: ca. 25–30 Minuten

Sozialform: alle zusammen

Material: ggf. spanisches Alphabet auf Folie

Beschreibung

Fordern Sie die Schüler auf, im Heft die folgende Tabelle anzulegen:

ciudad	país	celebridad	nombre	animal

Schreiben Sie zunächst ein Beispiel an die Tafel. Gemäß dem Prinzip von „Stadt-Land-Fluss" sagt ein Schüler leise für sich das spanische Alphabet auf, bis ein anderer Schüler *stop* ruft. Der auf diese Weise ausgewählte Buchstabe dient als Anfangsbuchstabe für die Wörter der einzelnen Kategorien. Alle Schüler beginnen nun, still und möglichst zügig ihre Tabelle auszufüllen. Wer zuerst fertig ist, ruft erneut *stop*. Alle anderen müssen das Schreiben einstellen. Dann werden die Ergebnisse verglichen. Für Wörter, die auch andere gefunden haben, erhält man 5 Punkte. Ein Wort, das sonst niemand eingetragen hat, bringt 10 Punkte.

Hinweis

Klären Sie vorab mit den Schülern, ob beispielsweise ausschließlich spanische und lateinamerikanische Städte genannt werden dürfen.

Varianten

- Die Kategorien können beliebig ergänzt und ausgetauscht werden. Lassen Sie die Schüler zur Motivation auch nach eigenen Interessen wählen.
- Alternativ können die Schüler in Kleingruppen mit einem Würfel spielen. In diesem Fall wird jeder Kategorie eine Zahl des Würfels zugewiesen. Ein Schüler würfelt und nennt die entsprechende Kategorie, zu der sich nun jedes Gruppenmitglied ein Wort notiert. Der Anfangsbuchstabe ist dabei egal. Bei der Zahl 6 darf sich der Schüler eine Kategorie aussuchen. Wer ein treffendes Wort notiert hat, ruft *stop*, dann vergleichen alle ihre Ergebnisse.

Reflexion

- Zu welcher Kategorie habt ihr viele Einfälle? Zu welcher wenig? Woran liegt das? Wie könntet ihr euer Wissen diesbezüglich erweitern?
- Welche Anfangsbuchstaben waren leicht? Welche schwer? Vergleicht mit dem Deutschen.

Cuestión de gusto

Lehrerhinweise

Spielart: Schreibspiel
Thema: Neigung und Abneigung
Ziel: sich über Vorlieben austauschen
Lernjahr: 1–2

Dauer: ca. 5 Minuten
Sozialform: Kleingruppen
Material: Statementkarten (KV auf S. 36)

Beschreibung

Kopieren Sie die Statementkarten (KV auf S. 36) einmal für jede Kleingruppe und schneiden Sie sie auseinander. Zu Beginn des Spiels legen die Gruppen die Statementkarten verdeckt auf den Tisch. Ein Schüler zieht eine Karte und liest den Satzanfang darauf laut vor. Nun überlegt sich jeder Schüler eine passende Fortsetzung und notiert den Satz vollständig in seinem Heft. Dann lesen sich die Schüler der Reihe nach ihre Sätze vor und korrigieren sich, wenn nötig, gegenseitig. In leistungsstarken Gruppen können die Schüler anschließend über Nachfragen oder Zustimmung miteinander ins Gespräch kommen. Für die nächste Spielrunde zieht ein anderer Schüler eine Statementkarte.

Hinweis

Weisen Sie die Schüler darauf hin, dass sie den Satz mit einem Infinitiv fortführen sollen (z. B. *No me gusta jugar al tenis.*). Andernfalls wäre an einigen Stellen der *subjuntivo* erforderlich.

Varianten

- Sie können die Statementkarten problemlos auch für die Partner- oder Einzelarbeit nutzen. In 2er-Teams ziehen die Schüler abwechselnd eine Karte und formulieren jeweils mit dem gleichen Satzanfang, was sie mögen bzw. nicht mögen.
- Zieht ein Schüler einen Satzanfang für die ganze Klasse, könnte jeder Schüler seinen Satz auch in einem Blitzlicht vortragen.
- Sie können außerdem genauer vorgeben, worüber sich die Schüler austauschen sollen. Es bietet sich z. B. an, die Satzanfänge als Anlass für die Reflexion einer Stunde, einer Gruppenarbeit oder einer Methode zu nehmen.
- Darüber hinaus könnten die Schüler selbst Statementkarten mit anderen Satzanfängen erstellen.

Reflexion

- Habt ihr gleiche Vorlieben oder unterscheiden sich die Geschmäcker sehr voneinander?
- Welche Dinge sind eher beliebt, welche eher unbeliebt?

Cuestión de gusto

Kopiervorlage: Statementkarten

Me gusta …	No quiero …
No me gusta …	Me alegro de …
Prefiero …	No me alegro de …
Detesto …	Tengo ganas de …
Quiero …	No tengo ganas de …

Dictado con sustantivos

Lehrerhinweise

Spielart: Schreibspiel
Thema: Substantive
Ziel: Substantive in einen sinnvollen Kontext einbinden
Lernjahr: 1–2

Dauer: ca. 15 Minuten
Sozialform: Partnerarbeit
Material: kleine Zettel im Klassensatz, ggf. Grammatik, ggf. Wörterbücher

Beschreibung

Fordern Sie die Schüler dazu auf, ein beliebiges Substantiv auf einen kleinen Zettel zu schreiben. Lassen Sie 2er-Teams bilden, in denen sich die Schüler gegenseitig ihre Substantive vorlesen. Der Partner ist jeweils gefordert, mit dem gehörten Substantiv einen Satz zu bilden und diesen in sein Heft zu schreiben. Anschließend liest er den Satz seinem Mitschüler vor, der ihn daraufhin auf seinem kleinen Zettel neben dem Substantiv notiert.

Die beiden Schüler prüfen schließlich, ob das Substantiv akustisch richtig verstanden wurde. Darüber hinaus ermitteln sie durch den Vergleich sowie ggf. den Blick in die Grammatik und/oder das Wörterbuch, ob sie den Satz hinsichtlich Rechtschreibung, Grammatik und Zeichensetzung korrekt notiert haben. Wiederholen Sie diesen Vorgang beliebig oft und lassen Sie jedes Mal neue Paarungen entstehen. Entscheiden Sie je nach Leistungsstand, ob Ihre Schüler dabei ihr Substantiv behalten oder jedes Mal ein neues Substantiv auf ihrem Zettel ergänzen.

Hinweis

Damit die Schüler die Substantive und ihre Sätze gut verstehen können, ist es erforderlich, einen gewissen Lärmpegel in der Klasse nicht zu überschreiten. Geben Sie ggf. vorab einen entsprechenden Hinweis und/oder weisen Sie jeweils einem Schüler die Aufgabe zu, auf die Lautstärke in der Klasse zu achten.

Variante

Selbstverständlich lässt sich das Spiel auch mit jeder anderen Wortart durchführen.

Reflexion

- Wovon ist es abhängig, ob ihr ein Substantiv richtig versteht?
- Mit welchen Substantiven ist es euch schwergefallen, einen Satz zu bilden? Mit welchen war es leichter? Woran liegt das?

¿Verdad o mentira?

Lehrerhinweise

Spielart: Schreibspiel
Thema: Erzählen
Ziel: Wahrheitsgehalt eines Textes einschätzen
Lernjahr: ab 3

Dauer: ca. 20 Minuten
Sozialform: Einzelarbeit, alle zusammen
Material: 1 DIN-A5-Karteikarte für jeden Schüler

Beschreibung

Jeder Schüler bekommt eine Blankokarte, auf die er eine kurze Geschichte (ca. 30 Wörter) schreibt. Geben Sie den Hinweis, dass es sich dabei um eine wahre oder eine erfundene Geschichte handeln kann. Wichtig ist in jedem Falle, den Text möglichst so zu verfassen, dass er für den Leser glaubwürdig klingt. Auf der Rückseite sollen die Schüler anschließend notieren, ob der Inhalt wahr oder erfunden ist.

Sammeln Sie dann die Karten ein, mischen Sie sie und teilen Sie die Geschichten so aus, dass jeder Schüler einen fremden Text erhält. Jeder Schüler liest nun still eine Geschichte und schätzt ihren Wahrheitsgehalt ein. Lassen Sie dann einzelne Geschichten vorlesen und bitten Sie auch die anderen Schüler um ihre Meinung. Wer denkt, die Geschichte ist wahr, steht auf, die anderen bleiben sitzen. Der Autor des Textes enthält sich, bevor er das Rätsel schließlich auflöst.

Geben Sie danach auch den anderen Schülern Gelegenheit zur Auflösung. Bitten Sie die Schüler, durch den Raum zu gehen, sodass jeder Autor seine Geschichte finden kann und sich mit dem Leser kurz auf Spanisch über den Inhalt und den Wahrheitsgehalt des Textes austauscht.

Hinweis

Je nach Lernstand können Sie das Thema einschränken, eine Einleitung vorgeben oder zur Wiederholung eines bestimmten Wortschatzes z. B. vorschlagen, über das vergangene Wochenende zu berichten.

Variante

Die Lektürephase kann verkürzt werden, indem einzelne Schüler die Geschichte ihres Sitznachbarn vorlesen, um den Wahrheitsgehalt einschätzen zu lassen.

Reflexion

Lagt ihr bei eurer Einschätzung richtig oder falsch? Was hat euch bei eurer Entscheidung geholfen?

Cinco palabras mágicas

Lehrerhinweise

Spielart: Schreibspiel
Thema: Erzählen
Ziel: zu vorgegebenen Begriffen eine Geschichte verfassen

Lernjahr: ab 1
Dauer: ca. 15 Minuten
Sozialform: Einzelarbeit
Material: –

Beschreibung

Schreiben Sie zunächst in Form eines stummen Impulses fünf Wörter, die dem Lernstand Ihrer Schüler entsprechen, an die Tafel, z. B. *perro, autobús, cantar, beber, grande*. Fordern Sie die Schüler dann dazu auf, in Einzelarbeit eine kurze Geschichte zu verfassen, in der sie jeden dieser Begriffe mindestens einmal verwenden.
Lassen Sie abschließend einige Geschichten vorlesen und vergleichen.

Hinweis

Legen Sie vorab gemeinsam mit den Schülern fest, ob auch Nonsens-Geschichten zulässig sind.

Varianten

- Die Wörter sind ebenso wie die Wortarten beliebig austauschbar.
- Sie können Begriffe des letzten Lektionstextes aufgreifen oder die Schüler selbst Begriffe vorschlagen lassen. Fordern Sie dafür die Lerngruppe zunächst auf, beispielsweise fünf beliebige Substantive zu nennen, ohne den weiteren Verlauf der Stunde zu erläutern. Halten Sie diese Wörter an der Tafel fest und stellen Sie dann die Aufgabe.
- Die Übung lässt sich auch in Kleingruppen durchführen.

Reflexion

- Wie war es für euch, mit den vorgegebenen Wörtern eine Geschichte in der Fremdsprache zu erzählen?
- Welche Wörter bieten sich für so eine Aufgabe an? Welche eher nicht?
- Wie erklärt ihr euch, dass trotz gleicher Wörter derart unterschiedliche Geschichten entstanden sind?

Weiterführung

Die Texte eignen sich gut zur Überarbeitung in einer Schreibwerkstatt. Lassen Sie dazu vorab von den Schülern Kriterien für eine gute Geschichte formulieren und Kleingruppen bilden.

La primera impresión

Lehrerhinweise

Spielart: Schreibspiel
Thema: Personen einschätzen
Ziel: vorschnelle Meinungsbildung reflektieren
Lernjahr: 3–4
Dauer: ca. 10 Minuten
Sozialform: Partnerarbeit
Material: 1 Folie mit selbst erstellten Fragen, 1 Glocke o. Ä.

Beschreibung

Schreiben Sie zunächst einige Fragen zur Person auf eine Folie, z. B. *¿Qué hace en su tiempo libre? ¿Cuál es su asignatura favorita? ¿Cuáles son sus ambiciones para el futuro? ¿Cuál es su trabajo ideal? ¿Qué tipo de música le gusta? ¿Dónde le gusta pasar sus vacaciones? ¿Qué tipo de libros le gusta? ¿Cuál es su comida favorita? ...*

Präsentieren Sie die Fragen auf der Folie und erklären Sie den weiteren Verlauf. Jeweils zwei Schüler sollen sich gegenübersetzen und sich genau anschauen, aber nicht miteinander sprechen. Jeder beantwortet nun still für sich schriftlich die Fragen zu seinem Gegenüber. Ohne die zutreffende Antwort zu kennen, notiert der Schüler, wie er seinen Mitschüler einschätzt. Auf ein akustisches Signal hin beginnen die Schüler, sich ihre Vermutungen vorzulesen und zu prüfen. Für jede richtige Einschätzung gibt es einen Punkt.

Hinweise

- Je nach Lernstand können Sie die Fragen auch im *conditional* formulieren.
- Achten Sie darauf, dass Paarungen entstehen, die sich nicht besonders gut kennen.
- Sie können die Übung mit mehreren Partnern nacheinander durchführen.

Varianten

- Zum Vergleich der Einschätzungen bietet sich darüber hinaus die Durchführung in 3er-Gruppen an, sodass jeweils zwei Schüler ihre Ideen notieren und abschließend erläutern.
- Auch die Aufnahme eigener Fragen ist sinnvoll.

Reflexion

- Welche Formulierungen helfen euch bei der Einschätzung von Personen?
- Wie habt ihr euch gefühlt, als ihr so lange angeschaut wurdet?
- Wie war es für euch, richtig bzw. falsch eingeschätzt zu werden?
- Übertragt die Erkenntnisse auf den Alltag. In welchen Situationen spielt ein vorschnelles Urteil eine Rolle? Wann habt ihr vielleicht schon einmal festgestellt, dass ihr euch in eurer ersten Einschätzung getäuscht habt?

Vida cotidiana

Lehrerhinweise

Spielart: Quizspiel, Schreibspiel	**Lernjahr:** 1–2
Thema: Alltag	**Dauer:** ca. 20 Minuten
Ziel: den Alltag einer fiktiven Person beschreiben und die Beschreibungen zuordnen	**Sozialform:** Kleingruppen, alle zusammen
	Material: Personenkarten (KV auf S. 42)

Beschreibung

Ziehen Sie zunächst die Personenkarten (KV auf S. 42) auf eine Folie und projizieren Sie diese für alle sichtbar an die Wand. Entscheiden Sie je nach Leistungsstand, ob Sie direkt in das Spiel einsteigen oder die Schüler in einer ersten Phase die Figuren beschreiben lassen. Bilden Sie 3er-Gruppen. Jede Gruppe sucht sich eine der Personen aus, zu der sie einen Text verfasst. Die Schüler sollen dazu der Person einen Namen geben und einen Tag aus ihrem Leben beschreiben. Auf Äußerlichkeiten sollen sie in dieser Übung bewusst verzichten.

Fordern Sie anschließend die Gruppen auf, ihre Texte vorzulesen. Die Aufgabe der Mitschüler besteht dann darin, zu erraten, um welche Person es sich handelt.

Hinweis

Beim gemeinsamen Verfassen eines Textes empfiehlt es sich, zur effektiven Zeitnutzung Aufgaben zu verteilen, sodass z. B. ein Schüler schreibt, ein Schüler auf die Zeit achtet und ein Schüler abschließend vorliest.

Varianten

- Selbstverständlich lassen sich die Geschichten auch in Einzelarbeit verfassen.
- Es ist auch möglich, zwei Personen vorzugeben oder auswählen zu lassen, die eine Beziehung zueinander haben. Diese sollen die Schüler dann schriftlich erläutern.

Reflexion

Zu welcher Person sind euch leicht Geschichten eingefallen? Bei welchen war es schwieriger? Warum?

Vida cotidiana

Kopiervorlage: Personenkarten

Bola de nieve con preguntas

Lehrerhinweise

Spielart: Kommunikationsspiel	**Dauer:** ca. 20 Minuten
Thema: Textverständnis	**Sozialform:** Einzelarbeit, Partnerarbeit, Großgruppen, alle zusammen
Ziel: gezielte Fragen zum Textverständnis formulieren	**Material:** Lektüre, 2 Karteikarten für jeden Schüler
Lernjahr: 3–4	

Beschreibung

Jeder Schüler überlegt sich zwei Fragen zu einem ausgewählten Kapitel oder zur gesamten Lektüre, die er auf Karteikarten notiert. Nach dem Schneeballprinzip finden sich zwei Schüler zusammen und einigen sich auf die ihrer Meinung nach besten zwei Fragen. Anschließend beraten sie sich zu viert und schließlich zu acht, sodass sich letztendlich zwei oder drei große Gruppen gebildet haben. Am Ende einigt sich jede Gruppe auf die eine beste Frage und stellt sie der oder den anderen Gruppen. Die befragte Gruppe erhält Gelegenheit, sich auf eine Antwort zu einigen. Ist die Antwort korrekt, erhält die Gruppe einen Punkt. Bei Gleichstand lässt sich eine zweite Runde beispielsweise zum nächsten Kapitel anschließen.

Variante

Selbstverständlich lässt sich diese Übung auch zur Lektüre eines kürzeren Textes durchführen.

Reflexion

- Was macht eine gute Frage zum Text aus?
- Wie war es für euch, sich auf eine Frage bzw. eine Antwort zu einigen?

Weiterführung

Die Schüler können anschließend auch die „aussortierten" Fragen auf einer Folie sammeln und in ihr Heft übertragen, sodass sie sie als Hausaufgabe bearbeiten können.

Mi romance

Lehrerhinweise

Spielart: Wortspiel

Thema: Einstieg in die Textarbeit

Ziel: individuelles Vorwissen aktivieren

Lernjahr: ab 3

Dauer: ca. 25 Minuten

Sozialform: Kleingruppen

Material: Gedicht *Romance de rosa fresca* (KV auf S. 45)

Beschreibung

Fordern Sie die Schüler dazu auf, sich in Kleingruppen zusammenzufinden. Schreiben Sie den Titel des *romance* (KV auf S. 45) an die Tafel. Jeder Schüler notiert nun in Stichpunkten in seinem Heft, was er mit dem Titel verbindet. Nach 5 Minuten lesen die Schüler der Reihe nach ihre Assoziationen vor. Für jede Assoziation, die mindestens auch ein anderer Schüler notiert hat, gibt es einen Punkt.

Im Anschluss folgt die (gemeinsame) Lektüre des Textes. Dabei kann aufgrund zahlreicher unbekannter Vokabeln der Einsatz von Wörterbüchern hilfreich sein. Die Schüler überprüfen nun, inwiefern ihre Assoziationen mit dem tatsächlichen Inhalt des Textes übereinstimmen.

Hinweise

- Legen Sie ggf. vorab eine Wortart fest, sodass die Schüler beispielsweise nur Substantive notieren. Das erleichtert mögliche Übereinstimmungen und beugt Frustration vor.
- Dieses Spiel lässt sich auf die Arbeit mit beliebigen Textgrundlagen übertragen.

Variante

Der ausgewählte Text bietet sich auch zum Verfassen eines Paralleltextes an. Diesen können die Schüler beispielsweise in ihrer Kleingruppe anhand der formulierten Assoziationen gemeinsam verfassen.

Reflexion

Habt ihr ähnliche Vorstellungen vom Text? Oder unterscheiden sich eure Ideen voneinander?

Mi romance

Kopiervorlage: Gedicht

Romance de rosa fresca *(anonym, um 1500)*

— Rosa fresca, rosa fresca,
tan garrida y con amor,
cuando vos tuve en mis brazos,
non vos supe servir, non;
y agora que vos servía
non vos puedo yo haber, non.

— Vuestra fue la culpa, amigo,
vuestra fue, que mía non;
enviásteme una carta
con un vuestro servidor,
y en lugar de recaudar
él dijera otra razón:
que érades casado, amigo,
allá en tierras de León;
que tenéis mujer hermosa
e hijos como una flor.

— Quien vos lo dijo, señora,
no vos dijo verdad, non;
que yo nunca entré en Castilla
ni allá en tierras de León,
sino cuando era pequeño,
que no sabía de amor.

Puzle de diálogos

Lehrerhinweise

Spielart: Quizspiel

Thema: Dialoge

Ziel: die Struktur eines Textes erfassen, Leseverstehen verbessern

Lernjahr: 1–2

Dauer: ca. 20 Minuten

Sozialform: Partnerarbeit

Material: 1–2 DIN-A4-Zettel sowie 1 Schere und ggf. Kleber für jedes Schülerpaar

Beschreibung

Fordern Sie die Schüler auf, zu zweit einen Schulhofdialog von mindestens zehn Sätzen zu verfassen, z. B. über die bevorstehende Wochenendplanung. Einer der beiden Schüler notiert den Text auf einem DIN-A4-Zettel. Anschließend sollen die Schüler ihren Dialog so zerschneiden, dass jeweils zwei bis vier Sätze auf einem Schnipsel zu lesen sind. Die Textteile tauschen sie dann mit einem anderen Schülerpaar. Jedes 2er-Team soll nun die Schnipsel der Mitschüler so zu einem Dialog zusammenfügen, dass ein sinnvoller Text entsteht. Die Teile können zusammengelegt oder auf ein neues DIN-A4-Blatt geklebt werden. Wenn alle Schüler fertig sind, wandern sie durch den Raum und lesen die Dialoge der anderen. Jeder Verfasser achtet darauf, ob die ursprüngliche Ordnung seines Textes wiederhergestellt ist oder die Teile in einer neuen Reihenfolge ebenso Sinn ergeben.

Hinweise

- Entscheiden Sie je nach Lerngruppe, ob die Schüler das Thema für den Dialog frei wählen können oder Sie einen Gesprächsanlass vorgeben.
- Dieses Spiel lässt sich beispielsweise an das Spiel *Conflicto con imperativos* (S. 22) anschließen.
- Auch eine implizite Hausaufgabenkontrolle bietet sich an, wenn die Schüler zu Hause einen Dialog verfasst haben. In Einzelarbeit zerschneidet dann jeder seinen Dialog und tauscht ihn mit einem Nachbarn aus, der ihn wieder zusammenfügen soll.

Reflexion

Welche Hinweise haben euch dabei geholfen, die Struktur des Textes zu erkennen und die Textteile in eine sinnvolle Reihenfolge zu bringen?

Palabras claves

Lehrerhinweise

Spielart: Schreibspiel	**Dauer:** ca. 30 Minuten
Thema: Textarbeit	**Sozialform:** Einzelarbeit, Kleingruppe
Ziel: Textverständnis vertiefen, einen Text zusammenfassen	**Material:** Lektüre oder sonstiger Lesetext, 1 Karteikarte für jede Kleingruppe
Lernjahr: ab 1	

Beschreibung

Fordern Sie die Schüler im Anschluss an eine Lektürephase dazu auf, still für sich im Heft fünf Wörter zu notieren, die ihrer Meinung nach eine besondere Rolle im Text spielen. Anschließend finden sie sich in Kleingruppen zusammen und einigen sich in der Gruppe jeweils auf die besten fünf Schlüsselwörter. Diese schreiben sie auf eine Karteikarte und geben die Liste an eine andere Gruppe im Uhrzeigersinn weiter. Jede Gruppe hat nun den Auftrag, eine Inhaltsangabe des Textes zu verfassen, in der die fünf Wörter ihrer Mitschüler vorkommen.

Hinweise

- Das Spiel eignet sich für die Arbeit mit Lektüren ebenso wie für die Arbeit an Kurzgeschichten oder lyrischen Texten.
- Je nach Länge des Textes können Sie die Anzahl der erforderlichen Schlüsselwörter anpassen.

Varianten

- Neben einem *resumen* lassen sich auf diese Weise auch weitere Textsorten, wie z.B. ein *comentario*, produzieren.
- Die Schreibphase kann ebenso in die Hausaufgabe verlagert und damit in Einzelarbeit erledigt werden.

Reflexion

- Welche Schlüsselwörter wurden von mehreren Gruppen notiert?
- Vergleicht eure Inhaltsangaben miteinander. Welche Unterschiede, welche Gemeinsamkeiten stellt ihr fest?
- Welche Wörter ließen sich gut in einem Text verwenden? Welche weniger gut? Woran liegt das?

¡Olé!

Lehrerhinweise

Spielart: Regelspiel
Thema: Zahlen
Ziel: Zahlen einüben, aktiv zuhören
Lernjahr: ab 1

Dauer: ca. 5–10 Minuten
Sozialform: alle zusammen
Material: –

Beschreibung

Alle Schüler stehen auf und stellen sich hinter ihren Stuhl. Nun beginnt der erste Schüler mit *uno* laut auf Spanisch zu zählen. Der Reihe nach führen die Schüler die Zählkette fort, allerdings müssen sie sich dabei an besondere Regeln halten: In der ersten Runde sollen beispielsweise die Zahlen, die durch 6 teilbar sind, nicht genannt, sondern von dem Schüler, der gerade am Zug ist, durch *olé* ersetzt werden. Führt er diesen Auftrag nicht korrekt aus, scheidet er aus der Spielrunde aus und muss sich setzen.

Hinweis

Dieses Spiel eignet sich im Besonderen zur Auflockerung, beispielsweise nach einer Klassenarbeit, oder um in unruhigen Lerngruppen die Konzentration wieder auf den Unterricht zu lenken.

Variante

Auch das spanische Alphabet bietet sich als Grundlage an. Legen Sie fest, dass z. B. alle Vokale durch *olé* ersetzt werden sollen.

Canasta de fruta

Lehrerhinweise

Spielart: Kommunikationsspiel
Thema: Wortfeld *fruta*
Ziel: Obstsorten festigen, Wortschatz erweitern, sich bewegen
Lernjahr: 1–2

Dauer: ca. 10 Minuten
Sozialform: alle zusammen
Material: –

Beschreibung

Räumen Sie zunächst die Tische an die Seite und fordern Sie die Schüler auf, einen Stuhlkreis zu bilden. Nun soll sich jeder Schüler ein Obst überlegen und die entsprechende Vokabel laut auf Spanisch nennen. Mehrfachnennungen sind dabei möglich und gewünscht. Ein Schüler hat keinen Stuhl und steht in der Mitte. Er beginnt mit dem Spiel, indem er laut und deutlich eine Obstsorte nennt. Alle Schüler, die dieses Obst vorab gewählt haben, müssen nun aufstehen und sich einen neuen Platz suchen. Der Schüler aus der Mitte versucht, dabei auch einen Stuhl zu erlangen. Gelingt ihm dies, steht ein neuer Spieler in der Mitte, der nun an der Reihe ist, eine Obstsorte aufzurufen. Gelingt es ihm nicht, muss er es in der nächsten Spielrunde erneut versuchen. Wiederholen Sie dieses Vorgehen möglichst, bis alle Schüler mehrfach ihren Platz gewechselt haben.

Hinweise

- Dieses Spiel mit Bewegung kann zwischendurch zur Auflockerung der Lernatmosphäre eingesetzt werden.
- Zur Einführung neuer Vokabeln können Sie die Wörter auch vorgeben und auf Zettel schreiben, die sich die Schüler anheften.

Varianten

- Als Zusatz können Sie die Regel einführen, dass der Schüler aus der Mitte auch die Möglichkeit hat, einmal keine Obstsorte, sondern *canasta de revuelta* zu rufen. Dann müssen <u>alle</u> Schüler aufstehen und sich einen neuen Platz suchen.
- Viele andere Wortfelder bieten sich gleichermaßen an, z. B. *animales, colores, países, comida* ...
- Statt ausgewählter Begriffe kann der Spieler in der Mitte auch persönliche Merkmale der Schüler aufrufen, wie z. B. *ojos azules, pelo rubio* ... Auf diese Weise lassen sich beispielsweise auch Relativsätze einüben.

El testimonio

Lehrerhinweise

Spielart: Kommunikationsspiel
Thema: Unfallbeschreibung
Ziel: Informationen aufnehmen und weitergeben, beschreiben und berichten
Lernjahr: ab 3

Dauer: ca. 10 Minuten
Sozialform: alle zusammen
Material: selbst formulierte Unfallbeschreibung (je nach Lernstand der Schüler)

Beschreibung

Fordern Sie zunächst drei (freiwillige) Schüler auf, den Klassenraum zu verlassen. Lesen Sie den anderen Schülern eine Unfallbeschreibung vor. Bitten Sie den ersten Schüler wieder herein und erklären Sie ihm, dass er nun von einem Unfall hören wird und er sich als Zeuge möglichst viele Details einprägen soll, um diese später weiterzugeben. Lassen Sie nun einen Schüler der Lerngruppe den Text laut und deutlich vorlesen. Bitten Sie dann den zweiten Schüler herein und erklären Sie auch ihm, dass er sich im Folgenden Informationen über einen Unfall merken und diese weitergeben soll. Der erste Schüler stellt den Unfall – so gut es geht – dar, bevor der zweite Schüler die Informationen schließlich dem dritten weitergibt. Der dritte Schüler fasst den Unfall noch einmal zusammen, bevor zum Vergleich dann der Ausgangstext präsentiert wird.

Hinweise

- Achten Sie darauf, dass die Unfallbeschreibung nicht zu viele unbekannte Vokabeln enthält, da diese vom Inhalt ablenken.
- Entscheiden Sie je nach Lernstand, ob das Notieren von Schlüsselbegriffen erlaubt ist.

Variante

Um den Schwierigkeitsgrad zu erhöhen, können die Schüler einen Tathergang, z. B. auch in einer vorbereitenden Hausaufgabe, selbst formulieren.

Reflexion

- Welche Informationen sind übrig geblieben?
- Welche (wesentlichen) Fakten wurden fehlerhaft oder gar nicht weitergegeben? Woran liegt das? Welche Konsequenzen können sich daraus bei einem Unfall ergeben?

Spiele zur Unterrichtsgestaltung

Puntos cardinales

Lehrerhinweise

Spielart: Regelspiel, Kommunikationsspiel	**Dauer:** ca. 15 Minuten
Thema: Himmelsrichtungen, geografisches Denken	**Sozialform:** alle zusammen
Ziel: Fragen zur Lokalisierung verstehen	**Material:** 4 Schilder mit den Himmelsrichtungen *el Norte*, *el Oeste*, *el Sur* und *el Este*
Lernjahr: 1–2	

Beschreibung

Fertigen Sie vier Schilder mit den Himmelsrichtungen an. Hängen Sie diese zu Beginn des Spiels im Klassenraum auf. Stellen Sie dann einzelne Fragen, die die Schüler mit einer Himmelsrichtung beantworten können, z. B. *¿De dónde vienes esta mañana? Dónde naciste? Dónde quieres hacer vacaciones? ...*
Fordern Sie die Schüler dazu auf, sich dem entsprechenden Schild zuzuordnen. Regen Sie dann einzelne Schüler dazu an, die Frage im ganzen Satz laut zu beantworten, um den Redeanteil der Schüler zu erhöhen. Darüber hinaus können sich die Schüler in einer kurzen Murmelphase über Details zu ihrer Antwort in der Fremdsprache austauschen.

Hinweis

Das Spiel lässt sich auch zur Gruppenbildung nutzen.

Variante

Lassen Sie die Schüler weitere Fragen formulieren.

Reflexion

- Was habt ihr Neues über eure Mitschüler erfahren?
- Was konntet ihr gut beantworten? Was war eher schwierig? Warum?

A mí me gusta

Lehrerhinweise

Spielart: Kommunikationsspiel
Thema: Gefallen, Missfallen
Ziel: Vorlieben und Hobbys nennen und vergleichen
Lernjahr: 1–2

Dauer: ca. 10 Minuten
Sozialform: alle zusammen
Material: –

Beschreibung

Zum besseren Kennenlernen tauschen sich die Schüler in diesem Spiel über ihre Vorlieben aus. Ein Schüler nennt etwas, was er gerne mag (z. B. *A mí me gusta chocolate.*) und fragt die anderen: *¿A quién le gusta también?* Wer die gleiche Vorliebe hat, steht daraufhin auf. Die anderen bleiben sitzen. Anschließend ruft der Schüler einen anderen Schüler auf, der nun seinerseits sagt, was er gern mag. Wieder stehen die Schüler mit der gleichen Vorliebe auf.

Hinweise

- Um in das Spiel einzusteigen, empfiehlt es sich insbesondere im Anfangsunterricht, einige Beispielsätze vorzugeben und die Schüler erst im Anschluss daran aufzufordern, eigene Dinge zu nennen, z. B. *A mí me gusta helado/jugar al tenis/leer/viajar/el mar/el verano ...*
- Das Spiel eignet sich unter Umständen auch zur Gruppenbildung nach Neigungen.

Varianten

- Selbstverständlich können die Schüler auch formulieren, was sie nicht mögen.
- Darüber hinaus kann eine kurze Phase des Austausches über die Gemeinsamkeiten erfolgen (*A mí me gusta música.* ➡ *¿Qué música te gusta?* ...).
- Um auch die Schüler zu motivieren, die nicht aufstehen müssen, weil sie nicht dieselbe Vorliebe haben, können Sie diese dazu auffordern, sich stattdessen auf den Boden zu setzen. Zudem können diese Schüler auch ausdrücken, was sie ein wenig mögen, indem sie z. B. eine leicht gebückte Haltung einnehmen.
- Das Spiel lässt sich im Anschluss an eine Lektürephase auch zum Austausch der Leseeindrücke einsetzen.

Reflexion

- Welche Vorlieben sind besonders verbreitet in der Klasse? Welche nicht?
- Welche Gemeinsamkeiten haben euch überrascht? Welche nicht?
- Welche Formulierungen habt ihr verwendet, um eure Vorlieben auszudrücken?

Dictar y pintar

Lehrerhinweise

Spielart: Regelspiel	**Lernjahr:** 1–3
Thema: Präpositionen	**Dauer:** ca. 15–20 Minuten
Ziel: Gegenstände nach Anleitung durch den Partner korrekt anordnen	**Sozialform:** Partnerarbeit
	Material: Raumvorlage (KV auf S. 54)

Beschreibung

Kopieren Sie zunächst die Raumvorlage (KV auf S. 54) samt Beispielmöbel im Klassensatz. Jeweils zu zweit bearbeiten die Schüler dann ein sogenanntes Maldiktat. Einer der beiden Schüler erhält die Raumvorlage und zeichnet die angegebenen Möbel in beliebiger Anordnung ein. Dann beschreibt er seinem Mitschüler durch die Anwendung von Präpositionen, was sich an welcher Stelle des Raumes befindet. Mithilfe dieser Anleitung zeichnet der andere Schüler das Zimmer in sein Heft. Anschließend vergleichen die beiden ihre Bilder und tauschen sich über Gemeinsamkeiten und Unterschiede aus. Dann werden die Rollen getauscht und das Maldiktat beginnt von vorn.

Hinweis

Achten Sie darauf, dass die Schüler die Gegenstände lediglich skizzieren und es nicht darum geht, Kleinigkeiten künstlerisch darzustellen.

Variante

Ohne vorliegende Kopiervorlage lässt sich ein derartiges Maldiktat auch zu anderen Themen durchführen. Es lässt sich beispielsweise auch eine Landschaft oder ein Rummelplatz malen.

Reflexion

Inwieweit stimmen die Bilder überein? Gibt es (deutliche) Unterschiede trotz der klaren Anweisungen? Woran liegt das?

Dictar y pintar

Kopiervorlage: Raumvorlage

La habitación

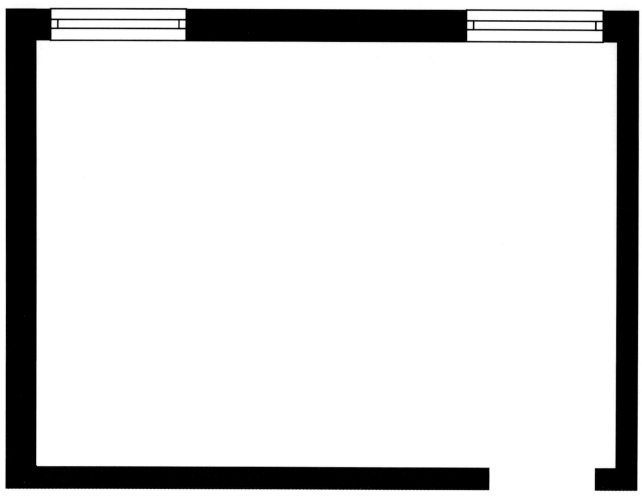

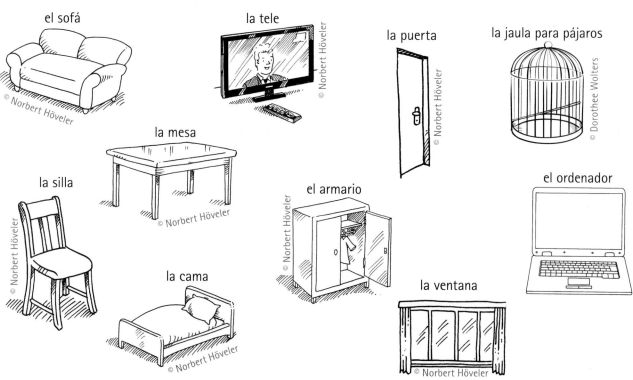

Ir como ...

Lehrerhinweise

Spielart: Regelspiel	**Lernjahr:** 1–2
Thema: Imperativ, in fremde Rollen schlüpfen	**Dauer:** ca. 5–10 Minuten
	Sozialform: alle zusammen
Ziel: Aufforderungen richtig verstehen	**Material:** –

Beschreibung

Damit die Schüler bei diesem Spiel über ausreichend Bewegungsfreiheit verfügen, empfiehlt es sich zunächst einmal, Tische und Stühle zur Seite zu räumen.
Regen Sie die Klasse dann durch spanische Imperative dazu an, sich auf unterschiedliche Weise durch den Raum zu bewegen. Mögliche Befehle wären beispielsweise:
Id como un elefante/un robot/un anciano/un gato/una bailarina/un futbolista después de un partido ganado (perdido) ...
Id tan en silencio como sea posible ...

Hinweis

Dieses Spiel dient durch die Bewegung insbesondere zur Motivation und Auflockerung, z. B. nach einer Stillarbeitsphase oder einer Klassenarbeit.

Varianten

- Sie können die Schüler auch dazu auffordern, eigene Befehle zu formulieren sowie das Verb *ir* durch ein anderes zu ersetzen. Bei dieser Variante erhöhen Sie den Schwierigkeitsgrad, regen die Lerngruppe zum (lauten) Sprechen an und festigen den Imperativ.
- Darüber hinaus lässt sich auch ein Wettbewerb durchführen. Teilen Sie dazu die Klasse in drei Gruppen ein. Schreiben Sie die Befehle auf Karteikarten und zeigen Sie einer Gruppe eine der Karten. Diese Gruppe führt den Auftrag aus und die beiden anderen Gruppen sollen den entsprechenden Befehl dazu erraten.

Reflexion

- Wie leicht oder wie schwer ist euch gefallen, einer Aufforderung nachzukommen? Warum?
- Wie habt ihr die anderen in der Gruppe erlebt?
- Wir wird der spanische Imperativ gebildet? Formuliert weitere Befehle in Singular und Plural.

Cazador de autógrafos

Lehrerhinweise

Spielart: Kommunikationsspiel
Thema: Hobbys
Ziel: Mitschüler nach ihren Hobbys befragen

Lernjahr: ab 1
Dauer: ca. 10 Minuten
Sozialform: alle zusammen
Material: 1 kleiner Zettel für jeden Schüler

Beschreibung

In dieser „Autogrammjagd" geht es darum, herauszufinden, welche Lieblingsbeschäftigungen die Mitschüler haben. Sammeln Sie dazu zunächst sechs Verben. Sie können die Schüler entsprechend Vorschläge für Hobbys formulieren lassen oder beispielsweise die folgenden Verben vorgeben: *cantar, nadar, bailar, reír, leer, ir en bicicleta.* Schreiben Sie die Verben an die Tafel und fordern Sie die Schüler auf, sie auf einen kleinen Zettel zu schreiben und dann ihre Mitschüler zu befragen, welche Tätigkeiten sie gerne mögen. Notieren Sie dazu ggf. eine Frage als Beispiel an der Tafel: *¿A ti te gusta nadar?* Die Schüler erheben sich dafür von ihren Plätzen und laufen durch den Klassenraum. Wer jemanden gefunden hat, der mit *sí* antwortet, lässt sich bei dem Verb ein Autogramm geben. Ziel ist es, für jede Tätigkeit mindestens zwei Schüler zu finden.

Hinweise

- Mit diesem Spiel kann sich die Lerngruppe besser kennenlernen.
- Es lässt sich leicht ein Wettbewerb daraus machen. Wer zuerst zwei Schüler zu jeder Beschäftigung gefunden hat, hat gewonnen und kann sein Ergebnis der Gruppe vorstellen.
- Auf der anderen Seite ist aber auch denkbar, die Schüler durch weitere Fragen zu kleineren Dialogen über die einzelnen Tätigkeiten aufzufordern, wie z. B. *¿Qué tipo de libros te gustan?* In diesem Fall können die Schüler ihrer Klasse anschließend besonders interessante Erkenntnisse mitteilen.

Variante

Das Spiel lässt sich auch mit Substantiven durchführen, z. B. mit Lebensmitteln. Die Schüler sollen in dieser Variante bei Speisen und Getränken unterschreiben, die sie gern mögen.

Reflexion

- Welche Tätigkeiten sind beliebt in der Klasse? Welche unbeliebt?
- Welche Frageformen habt ihr verwendet?

Adivinar palabras

Lehrerhinweise

Spielart: Quizspiel
Thema: Vokabelraten
Ziel: Begriffe auf unterschiedliche Weise darstellen und erraten
Lernjahr: 1–3

Dauer: ca. 10 Minuten
Sozialform: Kleingruppen
Material: Wortkarten (KV auf S. 58), 1 Farbwürfel für jede Kleingruppe

Beschreibung

Kopieren Sie zur Vorbereitung einen Satz Wortkarten (KV auf S. 58) für jede Kleingruppe und schneiden Sie sie aus. Zu Beginn des Spiels mischt jede Kleingruppe ihre Karten durch und legt sie verdeckt auf den Tisch. Ein Schüler beginnt, indem er eine Karte zieht, sich das Wort gut einprägt und schließlich den Farbwürfel wirft. Je nach Farbe muss er nun das Wort auf eine bestimmte Weise darstellen:

rojo: dar un ejemplo
azul: comparar con otras lenguas
verde: dar la raíz
negro: hacer un gesto
amarillo: explicar en un contexto
blanco: dibujar

Errät ein Gruppenmitglied das Wort, erhalten die beiden beteiligten Schüler einen Punkt. Es folgt eine neue Spielrunde im Uhrzeigersinn.

Hinweise

- Zur Senkung des Schwierigkeitsgrades können Sie die Wortarten einschränken oder entsprechend dem Würfel farblich kennzeichnen.
- Für den spontanen Einsatz im Unterricht kann der Farbwürfel auch durch kleine Zettel mit der Darstellungsform ersetzt werden.
- Dieses Spiel bietet sich in besonderem Maße auch zur Wortschatzeinführung eines neuen (Lektions-)Textes an.

Variante

Nachdem ein Wort erraten wurde, sollen die Schüler mit diesem einen Satz bilden. Jeder schreibt einen Satz in sein Heft. Wer als Erstes fertig ist, ruft *stop* und liest sein Ergebnis vor. Ist sein Satz korrekt, erhält er einen Punkt.

Reflexion

Durch welche Art der Beschreibung prägt sich ein Wort besonders gut ein? Warum? Inwiefern könnt ihr diese Art der Beschreibung beim Vokabellernen nutzen?

Adivinar palabras

Kopiervorlage: Wortkarten

el gato	el museo	bailar	la guitarra
el café	famoso/-a	el fútbol	el elefante
el amigo	la pobreza	el periódico	la llave
la sangre	la cesta	delgado/-a	el accidente
el jefe	el ordenador	grande	la lombriz
la cocina	el pan	la calle	el vaso
las vacaciones	la lámpara	guapo/-a	la catástrofe
la nariz	la cama	cocinar	la policía
el avión	la tiza	la carne	el avión
la mantequilla	escribir	la blusa	la cuchara
la hermana	las gafas	la silla	limpiar
aprender	dormir	el recreo	el amor
el pastel	el sol	el árbol	la tijera

Dómino de vocabulario

Lehrerhinweise

Spielart: Regelspiel
Thema: Substantive
Ziel: Vokabeln festigen, Wortschatz erweitern

Lernjahr: ab 1
Dauer: ca. 10 Minuten
Sozialform: Einzelarbeit, Partnerarbeit
Material: selbst erstellte Dominokarten

Beschreibung

Für dieses Spiel erstellen die Schüler zunächst selbst die Spielkarten. Auf der Grundlage (ausgewählter) Substantive, z. B. des vorangegangenen Lektionstextes oder eines bestimmten Wortfeldes, fertigt jeder Schüler nach dem folgenden Muster zehn Dominokarten an. Für jede spanische Vokabel auf einer linken Seite muss auf einer rechten Seite einer anderen Karte die deutsche Übersetzung geschrieben werden.

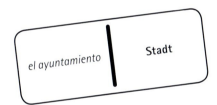 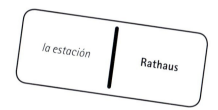

Anschließend finden sich jeweils zwei Schüler zusammen und mischen ihre Karten. Abwechselnd sollen sie nun ihre Karten so anlegen, dass eine Vokabel die treffende Übersetzung berührt. Sowohl senkrechte als auch waagerechte Positionen der Karten sind möglich.

Hinweis

Auch doppelte Karten können genutzt werden.

Varianten

- Das Spiel lässt sich gleichermaßen mit anderen oder auch mit gemischten Wortarten durchführen.
- In einer leistungsstarken Gruppe und bei fortgeschrittenen Lernern können anstelle der deutschen Entsprechungen spanische Begriffsdefinitionen notiert werden.

La hora

Lehrerhinweise

Spielart: Kommunikationsspiel

Thema: Uhrzeit, Wochentage

Ziel: Tätigkeiten zu verschiedenen Zeiten des Tages formulieren

Lernjahr: 1–3

Dauer: ca. 5–10 Minuten

Sozialform: Kleingruppen

Material: Uhrzeit- und Wochentagskarten (KV auf S. 61), ggf. 1 Schere für jede Kleingruppe

Beschreibung

Kopieren Sie zur Vorbereitung die Uhrzeit- und Wochentagskarten (KV auf S. 61), sodass Sie jeder Kleingruppe einen Satz zur Verfügung stellen können. Sofern Sie die einzelnen Karten nicht bereits laminiert haben, schneiden die Schüler diese zunächst aus. Dann mischen sie die Karten durch und bilden jeweils einen Stapel mit den Uhrzeit- und einen Stapel mit den Wochentagskarten.

Nun beginnt in jeder Gruppe der erste Schüler, zieht von jedem Stapel eine Karte und legt sie offen auf den Tisch. Es ist an ihm, einen sinnvollen Satz mit einem beliebigen Verb sowie der gezogenen Uhrzeit und dem Wochentag zu formulieren. Schreiben Sie ggf. unterstützend ein Beispiel an die Tafel, z. B. *El lunes a las cinco y media juego al tenis*. Die anderen Schüler achten insbesondere auf die Satzstellung und die korrekte Verwendung von Uhrzeit und Wochentag. Anschließend zieht der nächste Schüler im Uhrzeigersinn eine Karte und bildet seinen Satz.

Hinweis

Legen Sie unbedingt vorab fest, ob die Schüler Sätze im Präsens formulieren, da sie die Tätigkeit regelmäßig ausführen, oder aber ein Tempus der Vergangenheit wählen sollen.

Varianten

- Zur zusätzlichen Wiederholung unregelmäßiger Verben oder der Einführung beispielsweise der Reflexivverben können Sie Spielkarten mit den entsprechenden Infinitiven ergänzen.
- Es ist durchaus sinnvoll, das Spiel auch schriftlich durchzuführen oder einzelne Sätze im Anschluss an der Tafel zu besprechen.

Reflexion

Welche Uhrzeiten beherrscht ihr gut? Welche bereiten euch noch Schwierigkeiten?

La hora

Kopiervorlage: Uhrzeitkarten

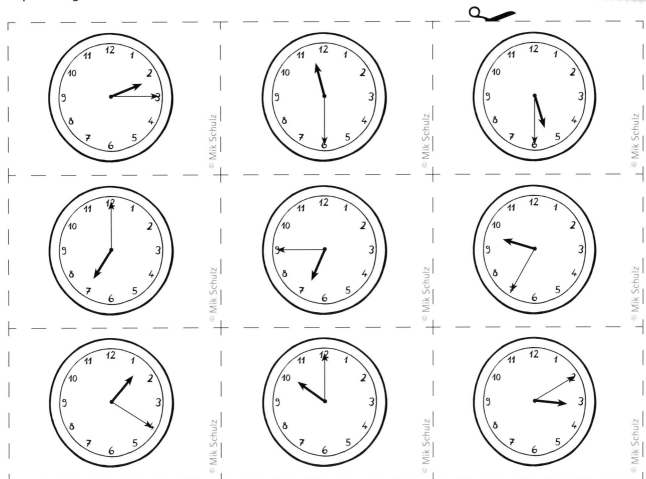

Kopiervorlage: Wochentagskarten

lunes	viernes
martes	sábado
miércoles	domingo
jueves	

La bomba

Lehrerhinweise

Spielart: Wortspiel	**Dauer:** ca. 10–15 Minuten
Thema: Wortkategorien	**Sozialform:** Kleingruppen
Ziel: Wörter zu bestimmten Kategorien sammeln	**Material:** Spielkarten (KV auf S. 63), 1 Eieruhr, 1 Tuch und ggf. 1 Schere für jede Kleingruppe
Lernjahr: ab 2	

Beschreibung

Kopieren Sie zur Vorbereitung für jede Gruppe einen Satz Spielkarten (KV auf S. 63). Fordern Sie die Schüler zum Ausschneiden auf oder laminieren Sie die einzelnen Karten vorab für den mehrfachen Einsatz.
Die Schüler bilden Kleingruppen und stellen oder setzen sich in einem Kreis zusammen. Die Karten legen sie verdeckt in die Mitte. Jede Gruppe erhält eine Eieruhr, die die tickende Bombe darstellen soll. Es beginnt der erste Spieler, indem er eine Karte zieht und laut vorliest. Zügig nimmt er dann die Eieruhr in die Hand und stellt eine Minute ein, bevor er sie in ein Tuch wickelt, um den Ablauf der Zeit zu verdecken. Nun nennt er, so schnell wie möglich, je nach gezogener Spielkarte ein Substantiv mit einem bestimmten Anfangsbuchstaben, ein Verb mit festgelegter Endung usw. Anschließend gibt er sofort die eingewickelte Eieruhr an seinen Nachbarn im Uhrzeigersinn weiter. Auch der nennt ein passendes Wort und gibt die Eieruhr weiter. Mehrfachnennungen sind untersagt. Verloren hat, wer die Eieruhr in der Hand hält, wenn sie klingelt. Dieser Schüler erhält einen Strafpunkt, darf aber an der nächsten Runde teilnehmen, indem er mit einer neuen Karte beginnt.

Hinweise

- Insbesondere auf vermeintlich leistungsschwächere Schüler kann dieses Spiel motivierend wirken, da letztlich das Glück über den Ausgang des Spiels entscheidet. Auch wenn jemand bereits eine korrekte Antwort gegeben hat, kann „die Bombe explodieren", wenn die Eieruhr nicht schnell genug weitergereicht wurde.
- Da es in diesem Spiel um Tempo geht, können sich schnell Fehler oder Ungenauigkeiten bei der Aussprache einschleichen. Weisen Sie die Schüler darauf hin, dass sie sich nach einer Spielrunde gegenseitig korrigieren sollen, und schließen Sie ggf. eine Phase der Fehlerkorrektur an, in der Sie mögliche Schwierigkeiten aufgreifen.

Reflexion

Zu welcher Kategorie habt ihr leicht Begriffe gefunden? Zu welcher nicht?

La bomba

Kopiervorlage: Spielkarten

verbo reflexivo	adjetivo
adverbio	animal
sustantivo con «a»	nombre español
sustantivo con «f»	verdura
sustantivo con «g»	color
pronombre	actividad en el tiempo libre
ciudad	profesión
verbo en -ar	medio de transporte
verbo en -er	deporte
verbo en -ir	ropa
imperativo	fruta
preposición	asignatura
verbo irregular	parte del cuerpo

Ir de compras

Lehrerhinweise

Spielart: Wortspiel
Thema: Wortfeld *ir de compras*
Ziel: Begriffe zu einem bestimmten Anfangsbuchstaben sammeln, Wortschatz erweitern

Lernjahr: 1–3
Dauer: ca. 10 Minuten
Sozialform: alle zusammen
Material: selbst erstellte Buchstabenkarten

Beschreibung

Fertigen Sie Karten mit den Buchstaben des spanischen Alphabets an. Mischen Sie sie gründlich durch und verteilen Sie sie auf einem Tisch. Bitten Sie nun einen Schüler nach vorn, der einen Buchstaben zieht und ihn laut vorliest. In einer Minute schreibt dann jeder Schüler Wörter mit dem gezogenen Anfangsbuchstaben zu Lebensmitteln, Kleidung und anderen Dingen, die man einkaufen kann, in sein Heft. Diese Begriffe werden anschließend gesammelt. Für jeden korrekten Begriff gibt es einen Punkt. Wer am meisten Begriffe gefunden und korrekt notiert hat, erhält einen Bonuspunkt. Anschließend wird das Vorgehen wiederholt, indem ein anderer Schüler einen neuen Buchstaben zieht.

Hinweis

Um das Spiel abzukürzen, können Sie auch weniger Anfangsbuchstaben vorgeben. Sie könnten sich dafür nicht am Alphabet, sondern an einem Begriff orientieren, z. B. die Buchstaben von *alimentos* auf die Karten schreiben.

Varianten

- Das Wortfeld *ir de compras* bietet sich an, weil es sehr weit gefasst ist und viele Begriffe zulässt. Selbstverständlich kann es jedoch auch durch andere Wortfelder ersetzt werden.
- In leistungsschwächeren Lerngruppen können Sie dieses Spiel auch losgelöst von einem Thema durchführen. So lassen sich die Begriffe z. B. durch die Festlegung auf eine Wortart einschränken.

Reflexion

Zu welchem Anfangsbuchstaben habt ihr viele Vokabeln gefunden? Zu welchem wenige? Wie ist das im Deutschen?

Palabras de Navidad

Lehrerhinweise

Spielart: Quizspiel
Thema: Wortfeld *Navidad*
Ziel: Vokabular zum Thema Weihnachten sammeln und erraten
Lernjahr: ab 2

Dauer: ca. 15 Minuten
Sozialform: Einzelarbeit, alle zusammen
Material: 1 Zettel und 1 Karteikarte für jeden Schüler, spanische Weihnachtsmusik auf CD/als MP3 oder auf YouTube und Abspielmöglichkeit

Beschreibung

Zunächst notiert jeder Schüler spanische Begriffe auf einem Zettel, die für ihn etwas mit Weihnachten zu tun haben. Dann wählt er das längste Wort aus und schreibt die Buchstaben in alphabetischer Reihenfolge auf eine Karteikarte.

Schalten Sie nun spanische Weihnachtsmusik ein und fordern Sie die Schüler auf, mit ihren Karteikarten durch den Raum zu wandern. Wenn Sie die Musik stoppen, finden sich jeweils zwei Schüler zusammen und zeigen sich ihre Karten. Wem es gelingt, zuerst das Wort des anderen zu entziffern, erhält einen Punkt. Für die nächste Runde setzt die Musik wieder ein und die Schüler verteilen sich erneut mit ihren Karteikarten im Raum.

Hinweise

- Es empfiehlt sich, Tische und Stühle vorab an die Seite zu räumen.
- Fordern Sie die Schüler dazu auf, sich jeweils mit neuen Partnern zusammenzufinden.

Varianten

- Selbstverständlich lässt sich dieses Spiel auch zu einem beliebigen anderen Thema durchführen.
- Auch die Lösung der Buchstabenketten im Plenum ist denkbar. Sammeln Sie dazu die Karteikarten ein und lassen Sie nach und nach jeweils einen Schüler eine Karte ziehen. Wer den verschlüsselten Begriff zuerst errät und korrekt an die Tafel schreibt, erhält einen Punkt.

Reflexion

Wer hat das längste weihnachtliche Wort der Klasse gefunden?

El alfabeto

Lehrerhinweise

Spielart: Wortspiel

Thema: spanisches Alphabet, Substantive

Ziel: Substantive eines vorgegebenen Geschlechts zu einem Anfangsbuchstaben finden

Lernjahr: 1–3

Dauer: 5–10 Minuten

Sozialform: Kleingruppen

Material: selbst erstellte Buchstabenkarten sowie selbst erstellte Karten mit den bestimmten und unbestimmten Artikeln

Beschreibung

Fertigen Sie zunächst Karten mit den einzelnen Buchstaben des spanischen Alphabets sowie mit den Artikeln *el, la, un* und *una* an. Kopieren Sie diese für jede Kleingruppe (die Artikelkarten sollten jeder Gruppe möglichst in mehrfacher Ausführung vorliegen). Jede Gruppe legt nun ihre Buchstaben- und Artikelkarten verdeckt auf zwei Stapel. Ein Schüler beginnt, indem er je eine Karte zieht. Nun sind alle Schüler gefordert, eine Vokabel zu finden, die mit dem entsprechenden Buchstaben beginnt und das genannte Geschlecht aufweist.
Ist ein passendes Wort gefunden, werden die Karten zurückgelegt und der nächste Schüler ist an der Reihe. Die beiden Kartenstapel sollten immer mal wieder gemischt werden.

Hinweis

Stellen Sie ggf. Wörterbücher zur Kontrolle zur Verfügung, mit denen die Gruppen ihre Ergebnisse prüfen und absichern können.

Varianten

- Um zu gewährleisten, dass auch die stilleren und/oder leistungsschwächeren Schüler zum Zuge kommen, können Sie das Spiel auch dergestalt abändern, dass jede Gruppe nicht nur eine einzige Vokabel, sondern möglichst viele Wörter z. B. in einer Minute finden soll. Nach Ablauf der Minute läutet der Spielleiter die Glocke.
- Sie können auch einen Buchstaben für die ganze Klasse ziehen lassen. Anschließend lesen alle Gruppen ihre Ergebnisse vor. Die Gruppe mit den meisten treffenden Begriffen erhält einen Punkt.
- Alternativ können Sie auch spontan im Unterricht ohne Buchstabenkarten arbeiten. Der Buchstabe kann dann ermittelt werden, indem ein Schüler leise das spanische Alphabet aufsagt und ein anderer Schüler an beliebiger Stelle *stop* ruft.

Reflexion

Zu welchen Anfangsbuchstaben habt ihr besonders viele Wörter gefunden? Bei welchen Buchstaben war es eher schwierig?

Profesiones

Lehrerhinweise

Spielart: Wortspiel, Quizspiel	**Dauer:** ca. 15 Minuten
Thema: Berufe	**Sozialform:** Kleingruppe
Ziel: einen Beruf ohne bestimmte Begriffe beschreiben	**Material:** Spielkarten (KV auf S. 68), 1 Sanduhr für jede Kleingruppe, ggf. einsprachige Wörterbücher
Lernjahr: ab 3	

Beschreibung

Kopieren Sie vorab die Spielkarten (KV auf S. 68) einmal für jede Kleingruppe. Jede Gruppe legt ihre Karten verdeckt auf einen Stapel. Ein Schüler beginnt, indem er eine Spielkarte zieht und leise durchliest. Er soll seinen Mitschülern nun den fett gedruckten Beruf möglichst so beschreiben, dass diese ihn innerhalb der vorgegebenen Zeit (Sanduhr) erraten können. Das letzte Wort unten auf der Karte (grau hinterlegt) darf dabei als „Tabuwort" nicht verwendet werden, auch nicht in einer flektierten Form. Die anderen Begriffe können hingegen helfen. Errät ein Mitschüler den Beruf, erhalten beide einen Punkt. Verwendet der Schüler einen verbotenen Begriff, erhält er einen Strafpunkt und der nächste Schüler ist an der Reihe.

Hinweis

Je nach Lernstand bietet sich unter Umständen die Arbeit mit dem einsprachigen Wörterbuch oder einem Synonymwörterbuch an.

Varianten

- Schwieriger wird es, wenn die Schüler keines der ausgewiesenen Wörter verwenden dürfen oder – anders herum – sämtliche Hilfswörter in der Beschreibung vorkommen müssen.
- Die Schüler können das Material auch selbst erstellen. Lassen Sie weitere Berufe ergänzen oder auch ganz andere Begriffe auswählen und erraten.

Reflexion

- Welche Schwierigkeiten haben sich bei der Beschreibung der Berufe ergeben? Welche Berufe ließen sich leicht beschreiben bzw. erraten? Welche waren schwieriger? Woran liegt das?
- Auf welche verbotenen Wörter hättet ihr gern zurückgegriffen? Auf welche Wörter konntet ihr gut verzichten?

Weiterführung

Im Anschluss an das Spiel können die Schüler mit den Spielkarten weiterarbeiten, indem jeder einen Beruf auswählt, zu dem er eine Rollenbiografie verfasst.

Spanisch

Profesiones

Kopiervorlage: Spielkarten

azafata	electricista	abogado	secretaria
vuelo ofrecer bebida comida piloto	lámpara cable arreglar	defender derechos litigante interceder la ley	oficina ayudar cita hablar por teléfono escribir
avión	*electricidad*	*tribunal*	*jefe*
médico	**estudiante**	**enfermera**	**cajera**
paciente examinar receta hospital	colegio universidad joven asignatura	inyección cuidarse de alguien	supermercado pegar cobrar ir de compras
enfermo	*aprender*	*hospital*	*dinero*
profesor/-a	**jubilado/-a**	**arquitecto**	**educador/-a**
asignatura estudiantes enseñar	trabajar descansar	diseñar construir plano	el jardín de infancia jugar
colegio	*viejo*	*casa*	*niños*
banquero	**peluquera**	**bailarina**	**camarero/-a**
dinero cuenta girar dirigir	cortar tijera trasquilar salón	la música el tutú el escenario actuar la coreografía	bar restaurante servir propina comida
banco	*pelo*	*bailar*	*trabajar*

Serpiente de palabras

Lehrerhinweise

Spielart: Wortspiel	**Lernjahr:** ab 1
Thema: Vokabeln	**Dauer:** 5–10 Minuten
Ziel: eine Vokabel mit einem vorgegebenen Anfangsbuchstaben finden	**Sozialform:** alle zusammen
	Material: –

Beschreibung

Schreiben Sie ein beliebiges spanisches Wort an die Tafel bzw. übertragen Sie diese Aufgabe einem Spielleiter. Die anderen Schüler sind nun gefordert, eine Vokabel zu finden, die mit dem letzten Buchstaben des Ausgangswortes beginnt. Wer eine Idee hat, meldet sich. Das Spiel wird nach dem Kettenprinzip fortgeführt, bis keinem Schüler mehr ein Wort einfällt. Sie können dann mit einer neuen Vokabel von vorn beginnen.

Hinweis

Das Spiel eignet sich zur Einführung einer vermeintlich schweren Vokabel ebenso wie zum Aufwärmen, beispielsweise zu Beginn des Unterrichts oder als Auflockerung zwischendurch.

Variante

Erhöhen Sie den Schwierigkeitsgrad, indem Sie ein bestimmtes Thema oder eine Wortart vorgeben.

Reflexion

Zu welchen Anfangsbuchstaben findet ihr viele Wörter? Zu welchen fällt es euch schwerer?

Bingo de palabras

Lehrerhinweise

Spielart: Wortspiel	**Dauer:** ca. 15 Minuten
Thema: Wortarten	**Sozialform:** alle zusammen
Ziel: Wörter bestimmter Wortarten finden	**Material:** Spielfeld (KV auf S. 71), 1 Glocke o. Ä.
Lernjahr: ab 2	

Beschreibung

Kopieren Sie zur Vorbereitung das Spielfeld (KV auf S. 71) im Klassensatz. Sie beginnen das Spiel, indem Sie einen Buchstaben nennen. Die Schüler sollen nun innerhalb von 30 Sekunden ein Wort finden, das mit diesem Buchstaben beginnt, und es entsprechend der Wortart in das richtige Feld eintragen. Läuten Sie nach Ablauf der Zeit mit der Glocke, bevor Sie den nächsten Buchstaben nennen. Die Schüler versuchen auf diese Weise, auf dem Spielfeld möglichst schnell vier Felder in einer Reihe waagerecht, senkrecht oder diagonal zu füllen. Wer dies zuerst schafft, ruft „Bingo" und liest seine Wörter zur Kontrolle vor. Ist sein Ergebnis korrekt, hat er diese Spielrunde gewonnen und darf in der nächsten Runde als Spielleiter fungieren. Ist seine Lösung fehlerhaft, wird das Spiel fortgeführt, bis ein Sieger ermittelt ist.

Hinweise

- Achten Sie bei der Auswahl des Anfangsbuchstabens darauf, dass die Schüler auch Artikel und Konjunktionen finden müssen und die Möglichkeiten hier begrenzt sind.
- Es empfiehlt sich, zu notieren, welche Buchstaben Sie bereits genannt haben.

Varianten

- Selbstverständlich lässt sich dieses Spiel auch losgelöst von Wortarten durchführen. Fordern Sie dazu die Schüler auf, eine Tabelle des Bingos im Heft anzufertigen, in die sie Vokabeln der letzten Lektion oder eines neuen Textes eintragen. Lesen Sie als Spielleiter schließlich nacheinander einige dieser neuen Wörter vor, während die Schüler ihre Treffer markieren. Wer zuerst vier Treffer in einer Reihe hat, ruft „Bingo". Liegt er richtig, hat er gewonnen.

- Ebenso losgelöst von Wortarten bietet sich das Spiel für die Arbeit mit einer Lektüre an. Dazu wählen die Schüler Schlüsselwörter aus, die sie mit dem Text verbinden, dann rufen Sie als Spielleiter oder die Schüler selbst im Wechsel einige Begriffe laut aus.

Reflexion

Bei welchen Wortarten habt ihr zügig Beispiele gefunden? Bei welchen Wortarten war es schwieriger?

Bingo de palabras

Kopiervorlage: Spielfeld

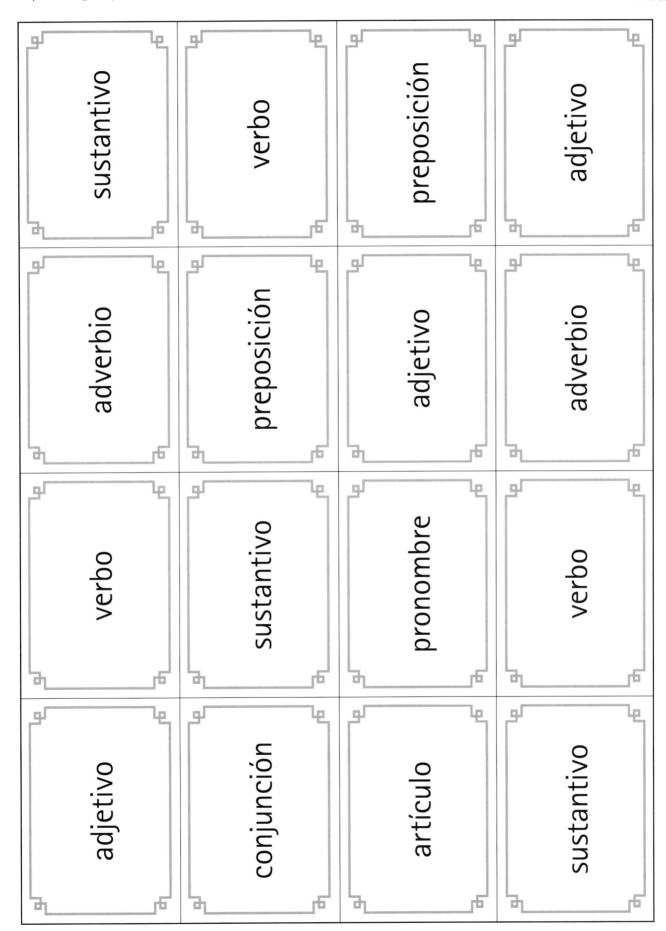

Spanisch

Parejas de alumnos

Lehrerhinweise

Spielart: Wortspiel
Thema: Vokabeln
Ziel: Wortpaare finden
Lernjahr: ab 1

Dauer: ca. 10 Minuten
Sozialform: alle zusammen
Material: –

Beschreibung

In Anlehnung an das bekannte Gesellschaftsspiel Memory sollen die Schüler bei diesem Spiel Wortpaare finden. Diese sind jedoch nicht auf Karten gedruckt, sondern sitzen in Gestalt der Mitschüler im Klassenraum.

Fordern Sie zunächst zwei Schüler auf, den Klassenraum zu verlassen. Dann stehen die übrigen Schüler auf, suchen sich einen Partner und vereinbaren möglichst leise ein gemeinsames Wort, das sie sich merken müssen. Anschließend setzen sie sich wieder auf ihren Platz. Nun kommen die beiden Schüler zurück in den Klassenraum. Der erste ruft die Namen zweier Mitschüler auf, diese stehen auf und nennen jeweils ihr Wort. Anschließend setzen sie sich wieder hin und der zweite Schüler ist an der Reihe. Wird ein Paar gefunden, bleiben die entsprechenden Schüler stehen und der Spieler erhält einen Punkt.

Hinweis

Dieses Spiel eignet sich beispielsweise zur Festigung eines neuen Wortfeldes.
Bei einer ungeraden Schülerzahl können Sie einen Spielleiter wählen, der die Punkte an der Tafel notiert.

Variante

Selbstverständlich lässt sich das Spiel auch mit vorhandenen Bildkarten aus einem bestehenden Spiel zu zweit oder in Kleingruppen spielen. Die Karten werden dabei verdeckt auf den Tisch gelegt. Der Reihe nach decken die Spieler jeweils zwei Karten auf und nennen die Begriffe auf Spanisch. Handelt es sich um das gleiche Bild und nennt der Spieler die korrekte Vokabel, darf er das Pärchen behalten und ist noch einmal am Zug. Wer am Ende die meisten Paare hat, hat gewonnen.

Reflexion

Welche Begriffe konntet ihr euch gut merken? Welche weniger gut?

Sinónimos

Lehrerhinweise

Spielart: Wortspiel	**Lernjahr:** ab 3
Thema: Synonyme	**Dauer:** ca. 20 Minuten
Ziel: kommunikative Fertigkeiten verbessern	**Sozialform:** Einzelarbeit, alle zusammen
	Material: Spielkarten (KV auf S. 74)

Beschreibung

Kopieren Sie zur Vorbereitung die Spielkarten (KV auf S. 74) auf eine Folie. Decken Sie das erste Wort einer Karte auf und bitten Sie die Schüler, Synonyme bzw. Wörter mit einer ähnlichen Bedeutung für das Wort zu finden und diese leise, jeder für sich, in ihrem Heft zu notieren. Nach ca. 2 Minuten finden sich jeweils zwei Schüler zusammen und tauschen sich kurz über ihre Ideen aus. Sie vervollständigen dabei ihre Listen und korrigieren sich ggf. gegenseitig. Präsentieren Sie anschließend die Synonyme von der Folie und fordern Sie zum Vergleich auf. Für jedes korrekte Synonym gibt es einen Punkt (finden die Schüler weitere treffende Synonyme, können sie Extrapunkte erhalten). Dann geht es mit dem nächsten Wort auf der nächsten Spielkarte weiter.

Varianten

- Die Schüler können das Material auch selbst erstellen. Dazu wählen sie Wörter aus, die sie häufig in ihren Texten verwenden, und versuchen diese zu ersetzen.
- Losgelöst von Synonymen, kann das Prinzip auch mit Ober- und Unterbegriffen angewendet werden. Schreiben Sie dazu Oberbegriffe, wie *ropa, comida, colegio* ..., auf Karteikarten und verteilen Sie diese an Kleingruppen. Jede Gruppe soll sich nun möglichst leise auf zehn Wörter einigen, die sie mit ihrem Begriff assoziiert, und sie auf die Rückseite der Karte schreiben. Mischen Sie die Karten anschließend und teilen Sie sie erneut an die Kleingruppen aus, sodass jede Gruppe eine Karte einer Nachbargruppe erhält. Nun gilt es, in einer vorgegebenen Zeit möglichst viele der von den Mitschülern formulierten Assoziationsbegriffe zu dem genannten Oberbegriff zu erraten.

Reflexion

- Bei welchen Begriffen habt ihr viele Übereinstimmungen erzielt?
- Welche kleineren Bedeutungsunterschiede fallen euch auf, wenn ihr die Synonyme im einsprachigen Wörterbuch nachschlagt?

Weiterführung

Sie können die Schüler dazu anhalten, die Synonyme für eine Textproduktion zu nutzen.

Sinónimos

Kopiervorlage: Spielkarten

ir

sinónimos: acudir, alejarse, andar, ausentarse, caminar, dirigirse, emigrar, encaminarse, huir, marchar, pasear, salir, transitar, trasladarse, partir

entonces

sinónimos: luego, después, en aquel tiempo, en aquella época, en aquel momento, en esos días, por lo tanto, pues

pues

sinónimos: entonces, así, así que, por lo tanto, ya que, luego, puesto que, por consiguiente

decir

sinónimos: hablar, manifestar, declarar, expresar, exponer, mencionar, nombrar, formular, anunciar, enunciar, enumerar, observar, recitar, contar, parlar, parlotear, articular, opinar, proponer, asegurar, sostener, afirmar, aseverar

responder

sinónimos: contestar, replicar, argumentar, alegrar, objetar, protestar, rebatir, avalar, garantizar, asegurar, certificar, obligarse, comprometerse

destacar

sinónimos: recalcar, acentuar, insistir, repetir, especificar, subrayar, marcar, avanzar, adelantarse, alejarse, separarse

principio

sinónimos: iniciación, inicio, nacimiento, génesis, albor, comienzo, umbral, arranque, preámbulo, entrada

morir

sinónimos: fallecer, expirar, agonizar, sucumbir, perecer, fenecer, finar, espichar, estirar la pata, pasar a mejor vida, irse al otro barrio

descansar

sinónimos: acostarse, recostarse, parar, posar, reposar, holgar, sosegarse, pausar, recrearse, relajarse

viaje

sinónimos: periplo, desplazamiento, recorrido, paseo, éxodo, odisea, aventura, excursión, expedición, traslación, crucero, marcha, travesía, trayecto

Palabras con alumnos

Lehrerhinweise

Spielart: Wortspiel	**Dauer:** ca. 10 Minuten
Thema: Rechtschreibtraining	**Sozialform:** Großgruppen, alle zusammen
Ziel: möglichst schnell Wörter nachstellen	**Material:** 1–2 DIN-A4-Blätter für jeden Schüler, Kreppband
Lernjahr: ab 1	

Beschreibung

Notieren Sie zuerst mindestens fünf Wörter, z. B. aus der letzten Lektion, für sich auf einem Zettel. Teilen Sie dann die Klasse in zwei große Gruppen und weisen Sie den Schülern in beiden Gruppen jeweils einen Buchstaben zu, der in den Wörtern Ihrer Liste gebraucht wird. Am Ende müssen in beiden Gruppen die gleichen Buchstaben vorhanden sein. Doppelte Besetzungen eines Buchstabens sind möglich bzw. je nach Wortliste sogar erforderlich. Achten Sie darauf, dass auf jeden Fall alle Buchstaben Ihrer Wörter vergeben sind und teilen Sie ggf. einigen Schülern zwei Buchstaben zu. Die Schüler sollen nun ihren Buchstaben groß auf je ein DIN-A4-Blatt schreiben und sich die Blätter dann auf den Bauch oder den Rücken kleben.
Nennen Sie anschließend ein Wort von Ihrer Liste, das die beiden Gruppen möglichst schnell nachstellen sollen (Sie können dafür auch einen Spielleiter ernennen und ihm die Liste geben). Dafür verlassen die Schüler mit den entsprechenden Buchstaben des Wortes ihren Platz und stellen sich in der richtigen Reihenfolge mit dem Bauch oder dem Rücken nach vorn auf. Springen zwei Schüler mit den gleichen Buchstaben auf, von denen für das Wort jedoch nur einer gebraucht wird, einigen sich die beiden, wer sich aufstellt und wer sich wieder setzt.
Die Gruppe, die zuerst fertig ist und das Wort korrekt „geschrieben" hat, erhält einen Punkt.

Hinweise

- Der Spielleiter übernimmt gleichzeitig die Funktion des Schiedsrichters.
- Das Spiel kann zur Einführung neuer Vokabeln eingesetzt werden, z. B. im Stundeneinstieg bei der Vorentlastung eines Textes.

Varianten

- Die Schüler können außerdem versuchen, eigene Wörter zu bilden.
- Gewonnen hat die Gruppe, die die meisten Wörter gefunden hat und nachstellen kann.

Reflexion

Welche Buchstaben habt ihr häufig gebraucht? Welche selten? Wie ist das im Deutschen?

Mi vocabulario

Lehrerhinweise

Spielart: Regelspiel	**Lernjahr:** ab 1
Thema: Vokabeln, Rechtschreibung	**Dauer:** ca. 10 Minuten
Ziel: Einprägen von Vokabeln, Trainieren der Merkfähigkeit	**Sozialform:** alle zusammen, Partnerarbeit
	Material: —

Beschreibung

Fordern Sie die Schüler auf, zehn Vokabeln, z. B. des letzten Lektionstextes oder des aktuellen Lernwortschatzes, zu nennen. Schreiben Sie diese für alle sichtbar an die Tafel. Die Schüler sollen sich die Vokabeln dann eine Minute lang einprägen und ihre Schreibweise noch einmal verinnerlichen. Klappen Sie danach die Tafel zu. Nun sollen die Schüler aus der Erinnerung möglichst viele der Wörter in ihr Heft schreiben. Im Anschluss tauschen die Schüler ihre Hefte mit einem Nachbarn. Öffnen Sie dann die Tafel, sodass jeder die Vokabeln seines Partners korrigieren kann.

Hinweis

Dieses Spiel eignet sich in besonderem Maße zur Einführung oder auch zur Abfrage neuer Vokabeln.

Varianten

- Sie können den Schwierigkeitsgrad erhöhen, indem Sie komplexe Ausdrücke und/oder ganze Sätze an die Tafel schreiben.
- Zur Wiederholung von Vokabeln können Sie eine Phase der Gruppenarbeit voranstellen, in der die Schüler Wörter für das Spiel sammeln. Aus diesen werden dann zufällig zehn ausgewählt.

Reflexion

- Wie viele Wörter habt ihr euch gemerkt? Wie habt ihr das gemacht?
- Wie lernt ihr (neue) Vokabeln?
- Welche Möglichkeiten habt ihr, euch die Schreibweise von Wörtern einzuprägen?

Conceptos generales

Lehrerhinweise

Spielart: Quizspiel
Thema: Ober- und Unterbegriffe
Ziel: zu Oberbegriffen treffende Unterbegriffe formulieren
Lernjahr: 1–3
Dauer: ca. 25–30 Minuten
Sozialform: Kleingruppen
Material: Spielkarten (KV auf S. 78)

Beschreibung

Kopieren Sie einen Satz Spielkarten (KV auf S. 78) für jede Kleingruppe und verteilen Sie diese. Zu Beginn des Spiels legen die Gruppen die Karten verdeckt auf einen Stapel. Ein Schüler zieht nun eine Spielkarte und liest den anderen den Oberbegriff vor. Der Reihe nach nennen alle Spieler nun einen passenden Unterbegriff, und zwar so lange, bis einem Schüler nichts mehr einfällt. Wird ein unpassender Begriff genannt, hat der Schüler einen kurzen Moment Zeit, eine andere Antwort zu geben, ansonsten ist die Runde beendet. Alle Gruppenmitglieder, die bereits einen korrekten Begriff genannt haben, erhalten einen Punkt. Für die nächste Runde zieht im Uhrzeigersinn der nächste Schüler eine Spielkarte.

Hinweise

- Damit kein Leerlauf entsteht, empfiehlt es sich, eine Zeitspanne von 5 Sekunden festzulegen, in der eine Antwort zu geben ist.
- Die Schüler achten selbst darauf, diese Zeit einzuhalten, und entscheiden über die Gültigkeit der genannten Begriffe. In Streitfällen kann jedoch ein Spielleiter eingreifen, der ggf. auch Rechercheaufträge übernimmt.

Varianten

- Lassen Sie weitere Oberbegriffe von den Schülern formulieren.
- Sie können das Spiel auch als Wettbewerb mit der gesamten Klasse durchführen. Teilen Sie dazu die Schüler in zwei große Gruppen ein. Fordern Sie diese auf, sich einander gegenüberzustellen. Nennen Sie der ersten Gruppe einen Oberbegriff, zu dem die Schüler der Reihe nach Unterbegriffe aufzählen. Schafft es die ganze Gruppe, gibt es dafür 5 Punkte. Ist eine Antwort unpassend oder fällt einem Schüler nichts ein, ist die Runde ohne Punktvergabe beendet und die zweite Gruppe ist an der Reihe.

Reflexion

Zu welcher Kategorie sind euch viele Begriffe eingefallen? Zu welcher wenige?

Conceptos generales

Kopiervorlage: Spielkarten

nombre femenino español	bebida
verdura	fruta
asignatura	actor/actriz hispanohablante
país europeo	color
profesión	cantante hispanohablante
disciplina deportiva	político hispanohablante
isla	país de Latinoamérica
vehículo	ciudad de España
idioma	animal
mueble	comunidad autónoma

Familia de palabras

Lehrerhinweise

Spielart:	Wortspiel	Lernjahr:	ab 3
Thema:	Wortstamm	Dauer:	ca. 10–15 Minuten
Ziel:	Wörter mit dem gleichen Stamm finden	Sozialform:	Einzelarbeit, alle zusammen
		Material:	–

Beschreibung

Zeichnen Sie die folgende Tabelle an die Tafel und füllen Sie – wie hier beispielhaft vorgemacht – einzelne Felder mit Wörtern, deren Stamm in weiteren Wörtern vorkommt.

sustantivos	adjetivos	verbos	adverbios
	jugado/-a		
		cortar	
novedad			
		volver	
			posiblemente

Fordern Sie die Schüler nun auf, die Tabelle in ihre Hefte zu übertragen und die Lücken zu füllen. Jeder für sich soll alle Wörter eintragen, die ihm zu dem jeweiligen Wortstamm einfallen. Anschließend vergleichen die Schüler im Plenum. Wörter, die mehrere Schüler gefunden haben, bringen 5 Punkte. Ein Wort, das nur ein Schüler gefunden hat, bringt 10 Punkte. Ist ein Wort korrekt, aber der falschen Wortart zugeordnet, bringt es einen Punkt.

Hinweis

Zur Überprüfung der Ergebnisse ist der Einsatz eines einsprachigen Wörterbuchs sinnvoll.

Varianten

- Das Spiel wird kürzer, wenn in jeder Zeile nur ein neues Wort eingetragen werden soll.
- Einfacher wird es, wenn die Schüler die Aufgabe losgelöst von den Wortarten bearbeiten und eine Liste mit Wörtern der gleichen Familie erstellen.

Reflexion

- Zu welchem Wortstamm habt ihr die meisten Wörter gefunden?
- Welche weiteren Wörter fallen euch ein, die sich von einem gemeinsamen Wortstamm ableiten lassen?

Acentuación

Lehrerhinweise

Spielart: Regelspiel
Thema: Betonungsregeln
Ziel: Betonungsregeln und Akzentsetzung üben
Lernjahr: 1–3

Dauer: ca. 15 Minuten
Sozialform: Partnerarbeit, alle zusammen
Material: 3 DIN-A4-Blätter, ca. 5–10 kleine Zettel für jedes Schülerpaar, 1 Schüssel/Karton o. Ä.

Beschreibung

Beschriften Sie zunächst drei DIN-A4-Blätter mit *última sílaba, penúltima sílaba* und *antepenúltima sílaba*. Hängen Sie die Blätter gut sichtbar in drei Ecken des Klassenraumes. Die Schüler überlegen sich nun in Partnerarbeit beliebige spanische Vokabeln, die sie einzeln auf kleine Zettel schreiben. Sammeln Sie die Zettel nach ca. 5 Minuten ein und mischen Sie sie in einer Schüssel gut durch. Lassen Sie dann einen Schüler einen Zettel ziehen und das Wort an die Tafel schreiben. Wenn jemand sein eigenes Wort zieht, legt er es zurück und zieht einen neuen Zettel. Jeder muss sich nun überlegen, auf welcher Silbe die Betonung liegt und sich der entsprechenden Ecke im Raum zuordnen. Lösen Sie die Aufgabe auf, indem Sie das Wort laut vorlesen. Wer sich richtig entschieden hat, erhält einen Punkt.

Hinweise

- Weisen Sie den Schreiber darauf hin, alle Wörter zunächst ohne Akzent an der Tafel zu notieren. Ergänzen Sie diese bei der Auflösung dann am besten farbig.
- Schließen Sie einsilbige Wörter von der Übung aus.
- Dieses Spiel eignet sich zur induktiven Einführung der Betonungsregeln ebenso wie zur Wiederholung.
- Zur Ergebnissicherung empfiehlt es sich insbesondere bei Lernanfängern, die Vokabeln abschließend noch einmal gemeinsam laut zu lesen.

Variante

Selbstverständlich bietet sich dieses Spiel auch für die Einzelarbeit an. Die Schüler können dazu eine Tabelle mit den drei Spalten für die unterschiedliche Betonung in ihrem Heft anfertigen und die Wörter zunächst still eintragen.

Reflexion

- Welche Regeln der spanischen Betonung habt ihr angewendet? Erklärt die Akzente.
- Beherrscht ihr die Betonung sicher? An welchen Stellen habt ihr noch Probleme?

Casa de verbos irregulares

Lehrerhinweise

Spielart: Regelspiel	**Sozialform:** Kleingruppen
Thema: unregelmäßige Verben	**Material:** Spielfeld (KV auf S. 82), Infinitivkarten (KV auf S. 83), 1–2 Scheren sowie 1 Würfel für jede Kleingruppe, 1 Spielfigur für jeden Schüler
Ziel: unregelmäßige Verben konjugieren	
Lernjahr: ab 3	
Dauer: ca. 30 Minuten	

Beschreibung

Kopieren Sie das Spielfeld (KV auf S. 82) und die Infinitivkarten (KV auf S. 83) einmal für jede Kleingruppe. Teilen Sie die Kopien aus und fordern Sie die Gruppen zunächst dazu auf, die 42 Infinitivkarten auseinanderzuschneiden. Die Karten werden verdeckt auf einen Stapel gelegt. Stellen Sie jeder Kleingruppe einen Würfel sowie jedem Schüler eine Spielfigur zur Verfügung. Der erste Schüler beginnt, indem er einmal würfelt. Er rückt mit seiner Spielfigur auf dem Feld um die gewürfelte Augenzahl vor und muss nun das angezeigte Verb in einer festgelegten Personalform konjugieren. Dazu würfelt er ein zweites Mal: 1 = 1. Person Singular, 2 = 2. Person Singular etc. Nun nennt er laut die konjugierte Verbform im Präsens, bevor der nächste Schüler am Zug ist. Mögliche Fehler korrigieren die Schüler untereinander.
Erzielt ein Spieler beim ersten Wurf eine sechs, rückt er nicht vor, sondern zieht eine Infinitivkarte vom Stapel. Er setzt nun seine Figur auf das entsprechende Infinitivfeld und würfelt ein zweites Mal, um die Personalform zu bestimmen und das Verb entsprechend zu konjugieren. Gewonnen hat, wer als Erstes im Dachboden des Hauses angekommen ist.

Hinweis

Haben Sie keine Spielfiguren zur Hand, können die Schüler beispielsweise auch farbige Schnipsel anfertigen.

Variante

Zur Erhöhung des Schwierigkeitsgrades können die Schüler durch ein drittes Würfeln das erforderliche Tempus ermitteln.

Reflexion

Welche Verbkonjugationen beherrscht ihr sicher? Welche müsst ihr wiederholen?

Casa de verbos irregulares

Kopiervorlage: Spielfeld

desván (fin)

entender	decir	poder	ir
crecer	ser	jugar	pensar
salir	venir	empezar	haber
corregir	oír	sentir	dirigir
seguir	ofrecer	saber	tener
comenzar	querer	coger	preferir
dormir	traer	hacer	soñar
recordar	pedir	traducir	volver
morir	cerrar	dar	vencer
caer	elegir	poner	ver
mentir		conducir	

sótano (salida)

Casa de verbos irregulares

Kopiervorlage: Infinitivkarten

Gramática

entender	saber	caer
decir	comenzar	elegir
poder	querer	dirigir
crecer	coger	traducir
ser	dormir	volver
jugar	traer	tener
salir	hacer	dar
venir	ir	vencer
empezar	recordar	preferir
corregir	pedir	poner
oír	pensar	ver
sentir	morir	soñar
seguir	cerrar	mentir
ofrecer	haber	conducir

Paseo por la clase

Lehrerhinweise

Spielart: Regelspiel
Thema: Konjugationen
Ziel: Verben in verschiedenen Tempora konjugieren
Lernjahr: ab 1

Dauer: ca. 15 Minuten
Sozialform: Einzelarbeit, Partnerarbeit
Material: beliebige Musik und Abspielmöglichkeit, 1 kleiner Zettel für jeden Schüler

Beschreibung

Bei diesem Spiel trainieren die Schüler die Verbkonjugationen. Geben Sie zunächst eine oder mehrere Zeitformen vor, die in der Spielrunde geübt werden sollen, und schreiben Sie diese an die Tafel. Fordern Sie die Schüler dann dazu auf, ein beliebiges Verb auszuwählen und es auf ihrem Zettel entsprechend der genannten Zeit bzw. Zeiten schriftlich zu konjugieren. Anschließend wird die Musik angestellt und alle spazieren mit ihren Konjugationstabellen durch den Klassenraum. Wenn die Musik stoppt, finden sich zwei Schüler zusammen und lesen sich gegenseitig den Infinitiv ihres Verbs vor. Nacheinander konjugieren die Schüler nun mündlich das Verb des anderen. Die Partner kontrollieren sie dabei mithilfe ihrer angefertigten Konjugationstabelle und korrigieren ggf. Schalten Sie anschließend die Musik wieder ein und fordern Sie die Schüler erneut zur Wanderung durch den Raum auf, bis die Musik stoppt und sie sich einen neuen Partner mit einem anderen zu konjugierenden Verb suchen.

Hinweise

- Gehen Sie bereits in der Stillarbeitsphase durch den Klassenraum und kontrollieren Sie stichprobenartig die angefertigten Konjugationstabellen.
- In leistungsschwachen Gruppen können Sie die Schüler darüber hinaus auffordern, ihre Ergebnisse mit der Grammatik zu vergleichen, um Unstimmigkeiten zu vermeiden.

Variante

Um die Phase des Austausches zu verkürzen, lässt sich auch ein Würfel einsetzen, der jeweils nur eine Person vorgibt, in der das Verb konjugiert werden soll (1 = 1. Person Singular, 2 = 2. Person Singular etc.). Dazu würfelt vor jeder Runde der Lehrer oder ein Schüler die Person aus und gibt sie der ganzen Klasse bekannt.

Reflexion

- Welche Zeitform/Person beherrscht ihr sicher? Welche bereitet euch noch Probleme?
- Fällt es euch leichter, das Verb schriftlich zu konjugieren, oder ist es mündlich einfacher? Wie erklärt ihr euch das?

¿Qué habéis hecho …?

Lehrerhinweise

Spielart: Regelspiel	**Dauer:** ca. 10 Minuten
Thema: Perfekt	**Sozialform:** alle zusammen
Ziel: Sätze im Perfekt bilden	**Material:** 2 Würfel in unterschiedlichen Farben
Lernjahr: 1–3	

Beschreibung

Halten Sie zwei Würfel in unterschiedlichen Farben bereit und legen Sie fest, welcher Würfel ein Verb (1–2: *verbo regular en -ar*, 3–4: *verbo regular en -er*, 5: *verbo regular en -ir*, 6: *verbo irregular*) und welcher eine Personalform (1 = 1. Person Singular, 2 = 2. Person Singular etc.) vorgibt. Nun würfeln Sie als Spielleiter mit beiden Würfeln gleichzeitig oder übertragen diese Aufgabe einem Schüler. Nennen Sie laut das Wurfergebnis. Je nach Zahl des Verbwürfels wählt jeder Schüler ein Verb einer bestimmten Kategorie aus (es empfiehlt sich, die Verbkategorien für alle sichtbar an die Tafel zu schreiben).

Das Subjekt wird durch den Personalwürfel vorgegeben und vom Spielleiter mit Inhalt gefüllt. Er stellt nun eine treffende Frage an alle, z. B. *¿Qué han hecho Pedro y Pepe esta mañana?* Die Schüler schreiben den Antwortsatz in ihr Heft. Anschließend tauschen sie sich mit ihrem Sitznachbarn aus und lesen ihr Ergebnis ggf. laut vor.

Hinweis

Das Spiel eignet sich insbesondere zur Festigung der Verbkonjugationen.

Varianten

- Dieses Spiel kann auch in Partnerarbeit durchgeführt werden. Halten Sie in diesem Fall pro Paar zwei Würfel bereit oder würfeln Sie vorn für die ganze Klasse, sodass lediglich der Austausch selbst in geschütztem Raum erfolgt.
- Selbstverständlich lässt sich das Tempus beliebig ersetzen.

Reflexion

- Für welche Kategorie habt ihr zügig ein Verb gefunden? Für welche ist es euch nicht so leicht gefallen?
- Welche Verben beherrscht ihr sicher? Welche müsst ihr noch üben bzw. wiederholen?

¿Ser o estar?

Lehrerhinweise

Spielart: Regelspiel	**Lernjahr:** 1–3
Thema: kontrastive Verwendung der Verben *ser* und *estar*	**Dauer:** ca. 20 Minuten
	Sozialform: Partnerarbeit, alle zusammen
Ziel: den Gebrauch von *ser* und *estar* festigen	**Material:** 2 Papierstreifen und 1 Schere für jedes Schülerpaar

Beschreibung

Zunächst notieren die Schüler in Partnerarbeit zwei einfache Hauptsätze auf jeweils einem Papierstreifen. Die Sätze müssen ein Subjekt, ein weiteres Satzglied sowie einmal *ser* und einmal *estar* enthalten (z. B. *Pedro está en casa./Ellos son simpáticos*). Nachdem die Schüler sorgfältig die Wahl des Verbs geprüft haben, schneiden sie ihre Sätze in drei Teile: Subjekt, Prädikat und das weitere Satzglied. Diese Teile werden beim Spielleiter gesammelt und auf drei Stapel sortiert: ein Subjekt-, ein Prädikat- und ein weiterer Satzgliedstapel.

Anschließend wird die Klasse in drei Gruppen geteilt. Eine Gruppe erhält die Zettel mit den Subjekten, eine Gruppe die mit den weiteren Satzgliedern und eine Gruppe die mit den Prädikaten. Jeder Schüler einer Gruppe erhält einen der Zettel. Die anderen bleiben zunächst übrig. Wählen Sie nun einen Schüler aus, der mit dem Spiel beginnt. Dieser begibt sich an die Tafel und ruft einen Schüler der Subjektgruppe auf. Nachdem dieser das Subjekt seines Zettels vorgelesen hat, schreibt der Spieler es an die Tafel. Nun ist die Prädikatgruppe gefordert, zu prüfen, ob ihre Form des Prädikats zu dem Subjekt passt. Die Schüler, die ein entsprechendes Prädikat haben, stehen auf. Aus dieser Gruppe ruft der Spieler nun eine Person auf, die ihr Prädikat nennt, und schreibt es an die Tafel. Die Schüler mit den passenden weiteren Satzgliedern stehen auf. Der Spieler wählt auch aus dieser Gruppe einen Schüler, der vorliest, was an die Tafel soll. Gemeinsam prüfen die Schüler den Satz auf Grammatik und Sinnhaftigkeit, bevor ein neuer Spieler an der Reihe ist, mithilfe der anderen aus den Zetteln einen Satz zu bilden. Nach jeder Runde können die Schüler ihren Zettel innerhalb der Gruppe austauschen.

Hinweise

- Zur Abkürzung oder Vereinfachung können Sie die Papierstreifen auch selbst beschriften. Auf diese Weise können Sie nebenbei implizit Fehler korrigieren, die Sie z. B. bei der Korrektur einer Klassenarbeit im Zusammenhang mit *ser* und *estar* erkannt haben.
- Das Spiel kann zur Auflockerung oder Wiederholung von Vokabeln auch mit anderen Verben durchgeführt werden.

Reflexion

- Welche weiteren Satzglieder waren besonders häufig möglich? Welche eher selten? Warum?
- Erklärt die Verwendung von *ser* und *estar* anhand der Sätze an der Tafel.

Tiempos redondos

Lehrerhinweise

Gramática

Spielart: Regelspiel
Thema: Konjugationen
Ziel: Verben in verschiedenen Tempora konjugieren

Lernjahr: ab 1
Dauer: ca. 10 Minuten
Sozialform: alle zusammen
Material: —

Beschreibung

Für dieses Spiel empfiehlt es sich, zunächst die Tische und Stühle zur Seite zu schieben. Die Schüler bilden in der Mitte des Raumes wie bei einem Kugellager zwei Kreise. Die Hälfte der Schüler stellt sich in einem Außenkreis auf und die andere Hälfte in einem Innenkreis, sodass sich jeweils zwei Schüler gegenüberstehen und ansehen. Teilen Sie nun den Schülern im Außenkreis die Personalpronomen zu: *yo, tú, el, ella, nosotros, nosotras, vosotros, vosotras, ellos, ellas*. Die Schüler im Innenkreis erhalten einen Infinitiv. Entscheiden Sie je nach Lernziel, ob Sie regelmäßige oder unregelmäßige Verben trainieren wollen. Geben Sie anschließend ein Tempus vor, z. B. *pretérito imperfecto*. Der äußere Schüler nennt nun dem inneren Schüler sein Personalpronomen, sodass der innere Schüler sein Verb entsprechend konjugieren kann. Dann dreht sich der Innenkreis im Uhrzeigersinn um eine Person weiter. Nun ist der Außenkreis gefordert. Nachdem der innere Schüler seinem Gegenüber seinen Infinitiv genannt hat, bildet der äußere Schüler dazu die entsprechende Personalform.

Hinweise

- Dieses Spiel eignet sich im besonderen Maße zur Festigung der Konjugation.
- Um mehr Bewegung und Abwechslung in das Spiel zu bekommen, können Sie den Innenkreis beispielsweise auch dazu auffordern, um drei Schüler nach rechts oder um fünf Schüler nach links zu drehen.

Varianten

- Die Schüler können die Infinitive auch vorab selbst sammeln.
- Selbstverständlich können die Zeiten beliebig ausgetauscht werden.

Reflexion

Welches Tempus beherrscht ihr sicher? Welches müsst ihr noch einmal wiederholen?

Comparaciones

Lehrerhinweise

Spielart: Regelspiel	**Lernjahr:** 1–3
Thema: Steigerung von Adjektiven	**Dauer:** ca. 20 Minuten
Ziel: Dinge vergleichen und Adjektive steigern	**Sozialform:** Kleingruppen
	Material: Spielkarten (KV auf S. 89/90)

Beschreibung

Lassen Sie 3er-Gruppen bilden und kopieren Sie vorab für jede der Gruppen einen Satz Spielkarten (KV auf S. 89/90). Verteilen Sie die Karten so, dass jedes Gruppenmitglied jeweils eine Karte mit der Zahl 1, eine mit der Zahl 2 usw. hat. Die Schüler legen die Karten offen vor sich. Ein Spieler mit einer Karte mit dem Buchstaben a beginnt, indem er seine Karte in die Mitte des Tisches legt. Dazu formuliert er zwei Sätze, z. B. *Mi hermana tiene once años. Mi hermana es pequeña.* Im Uhrzeigersinn legt nun der nächste Schüler seine „Schwesternkarte" in die Mitte und vergleicht das Alter mit dem vorhergehenden, z. B. *Mi hermana tiene siete años. Mi hermana es menor.* Ebenso verfährt schließlich der dritte Schüler: *Mi hermana tiene dos años. Mi hermana es la menor.* Der Schüler, der den Superlativ gebildet hat, erhält schließlich alle drei Karten und beginnt die nächste Spielrunde mit einer neuen Karte a. Wenn er keine hat, beginnt ein anderer Schüler.

Die Schüler korrigieren sich bei der Komparation selbst. Wird eine Form falsch gebildet, wird ein Strafpunkt notiert und am Ende als Karte abgezogen. Wer abschließend die meisten Karten hat, gewinnt.

Hinweis

Weitere Satzkonstruktionen sind denkbar, z. B. *El mío es el más rápido de todos.* Schreiben Sie diese ggf. als Zusatz an die Tafel.

Varianten

- Steigern Sie den Schwierigkeitsgrad, indem Sie die Adjektive nicht vorgeben, also beim Kopieren abdecken.
- Die Schüler können weitere Spielkarten ergänzen.
- Eine andere Möglichkeit ist, die Gruppenmitglieder zunächst aufzufordern, in Einzelarbeit ausgewählte Begriffe zu zeichnen *(casa, perro, bicicleta ...).* Anschließend sollen sie die Vergleiche anhand ihrer Zeichnungen durchführen.

Reflexion

- Wie wird der Vergleich gebildet? Welche Sonderformen fallen euch zusätzlich ein?
- Welche Adjektive konntet ihr gut steigern? Welche bereiten euch noch Probleme?

Comparaciones

Kopiervorlage: Spielkarten (1/2)

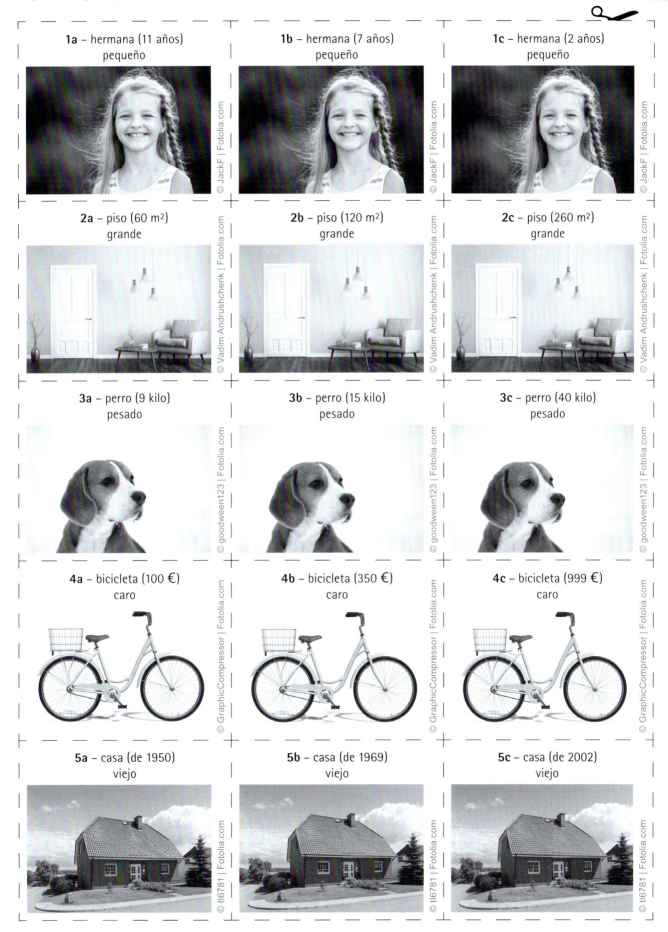

Comparaciones

Kopiervorlage: Spielkarten (2/2)

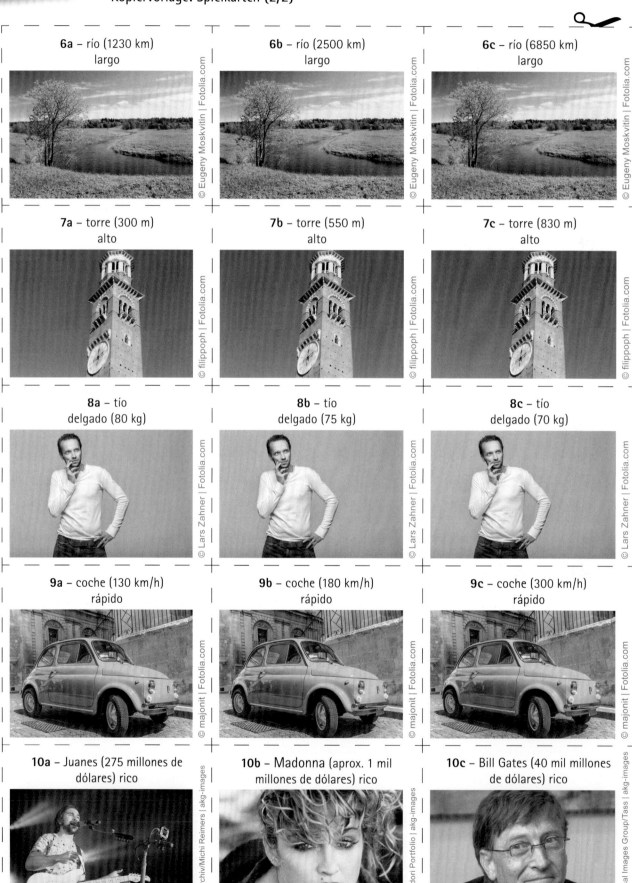

Mi mundo imaginario

Lehrerhinweise

Spielart: Kommunikationsspiel
Thema: Konditionalsätze
Ziel: Sätze im *conditional* bilden
Lernjahr: 2–4

Dauer: ca. 10 Minuten
Sozialform: alle zusammen
Material: 1 Ball

Beschreibung

Die Schüler stellen sich in einem großen Kreis im Klassenraum auf. Nehmen Sie den Ball in die Hand und formulieren Sie einen Konditionalsatz, z. B. *Si tengo tiempo esta tarde, me encuentro con mi amigo.* Werfen Sie anschließend den Ball einem Schüler zu, der ausgehend vom zweiten Teil des Satzes einen neuen Konditionalsatz bildet, z. B. *Si me encuentro con mi amigo, escuchamos música.* Lassen Sie die Kette so weit führen, bis niemandem mehr etwas zu dieser Geschichte einfällt, und beginnen Sie mit einem neuen Satz.

Hinweise

- Auf diese Weise lassen sich alle Konditionalsatztypen einüben oder wiederholen.
- Dass die Schüler sich spontan äußern müssen, kann vor allem die stilleren oder leistungsschwächeren Schüler verunsichern. Geben Sie entsprechend Bedenkzeit und lassen Sie ggf. auch Hilfestellungen der Mitschüler zu.

Varianten

- Dieses Spiel lässt sich auch mit anderem Inhalt füllen, so können z. B. ebenso Konjugationstabellen eingeübt werden.
- Haben Sie keinen Ball zur Hand, können Sie auch einen beliebigen anderen Gegenstand nehmen oder im Sitzen der Reihe nach vorgehen.

Por y para

Lehrerhinweise

Spielart: Regelspiel
Thema: Präpositionen *por* und *para*
Ziel: die Präpositionen im korrekten Zusammhang verwenden
Lernjahr: 1–3

Dauer: ca. 15 Minuten
Sozialform: Kleingruppen
Material: selbst erstellte Beispielsatzliste, 2 DIN-A4-Zettel und 1 Sanduhr für jede Kleingruppe

Beschreibung

Fertigen Sie zunächst eine Liste mit Beispielsätzen an, bei denen Sie jeweils die Präpositionen *por* und *para* auslassen und die Sie für jede Kleingruppe kopieren.

Mögliche Beispielsätze:

El plato es para la pizza. Gracias por el regalo. Te doy 5 euros por este libro. El tren para Barcelona viene a las tres en punto. Voy de vacaciones por 2 semanas. Prefiero viajar por autobús. Viajo a Madrid para mejorar mi español. Habló con su padre por teléfono. Me gusta tomar un café por la mañana. Esta tarta es para mi abuela. Tengo que preparar la ensalada para la noche. Paco no va a la escuela por estar un poco enfermo. Para mí, es un tema muy interesante.

Jede Kleingruppe beschriftet jeweils einen DIN-A4-Zettel mit *por* und einen mit *para*. Die Zettel werden für alle sichtbar auf den Boden gelegt. Reihum liest nun jeweils ein Schüler einen Satz vor, in den die treffende Präposition *por* oder *para* eingesetzt werden muss. Der Vorleser hat für eine Runde die Funktion des Schiedsrichters inne und nimmt nicht an der Punktejagd teil. Die anderen Schüler haben nun eine Minute Zeit (Sanduhr), um sich zum richtigen Zettel zu begeben. Während dieser Bedenkzeit dürfen sie auch von einem Zettel zum anderen springen. Der mündliche Austausch ist jedoch nicht gestattet. Kurz bevor die Sanduhr abgelaufen ist, gibt der Schiedsrichter ein Signal und zählt auf Spanisch laut den Countdown. Der Schiedsrichter achtet darauf, dass beim entsprechenden Signal kein Schüler mehr seinen Zettel verlässt, dann nennen Sie die korrekte Lösung. Wer auf dem richtigen Feld steht, erhält einen Punkt. Jetzt liest der nächste Schüler einen Satz vor.

Hinweise

- Das Spiel kann sowohl zur Festigung als auch zur induktiven Einführung des Phänomens eingesetzt werden. Für Letztere geben Sie einige Beispielsätze vollständig vor und lassen die Schüler anschließend in ähnlichen Sätzen die korrekte Präposition herleiten.
- Das Prinzip des Spiels bietet sich auch für andere Themen an, z. B. den Gebrauch von *ser* und *estar* oder die Verwendung von *imperfecto* und *indefinido*.

Reflexion

Erläutert den Unterschied zwischen *por* und *para*. Wann gebraucht man *por*, wann *para*?

Cuatro esquinas de refranes

Lehrerhinweise

Spielart: Quizspiel
Thema: Sprichwörter und Redewendungen
Ziel: spanische Sprichwörter und Redewendungen kennenlernen
Lernjahr: ab 3

Dauer: ca. 15–20 Minuten
Sozialform: alle zusammen
Material: Spielkarten (KV auf S. 94), 4 Plakate (ca. DIN A4) mit jeweils einem der Buchstaben a, b, c, d

Beschreibung

Bei diesem Spiel sollen die Schüler nach dem Prinzip des Vier-Ecken-Ratens den Anfang eines ihnen unbekannten spanischen Sprichwortes bzw. einer Redewendung mithilfe von vier Antwortmöglichkeiten fortführen.
Kopieren Sie zunächst die Spielkarten (KV auf S. 94) und legen Sie sie verdeckt auf einen Stapel. Hängen Sie in jede der vier Ecken des Raumes je ein Plakat mit einem der Buchstaben a, b, c oder d. Nachdem ein ausgewählter Spielleiter eine Karte gezogen und den darauf stehenden Anfang eines Sprichwortes oder einer Redewendung sowie die vier Fortführungsmöglichkeiten vorgelesen hat, müssen sich die Schüler möglichst gleichzeitig in die Ecke stellen, deren Buchstaben sie für die richtige Antwort halten. Anschließend nennt der Spielleiter die unterstrichene Antwortmöglichkeit als richtige Lösung. Wer sich korrekt entschieden hat, bekommt einen Punkt. Dann ist ein neuer Spielleiter mit einer anderen Spielkarte an der Reihe.

Hinweis

Entscheiden Sie je nach Lernstand Ihrer Schüler, ob Sie nach jeder Auflösung die deutsche Entsprechung des Sprichwortes aufsagen lassen oder ob Sie diese Aufgabe eventuell als Hausaufgabe oder Reflexion zurückstellen.

Varianten

- Um den Austausch untereinander zu vermeiden und die Schüleraktivierung sowie den Schwierigkeitsgrad zu erhöhen, kann das Spiel auch schriftlich und in Kleingruppen durchgeführt werden. In diesem Fall kopieren Sie für jede Gruppe einen Satz Spielkarten. Die Karten können dann reihum vorgelesen werden und die Spieler notieren den Buchstaben, den sie für richtig halten, auf einem Zettel.
- In besonders leistungsstarken Gruppen können die Schüler zusätzlich eigene Karten erstellen.

Reflexion

Wie schafft ihr es, Sprichwörter und Redewendungen trotz unbekannter Vokabeln zu verstehen?

Cuatro esquinas de refranes

Kopiervorlage: Spielkarten

Ojo por ojo,
a) para ver.
b) diente por diente.
c) mano y todo.
d) visto malo.

A lo dicho,
a) todos escuchan.
b) olvidado.
c) a lo mejor.
d) hecho.

Como elefante
a) en cristalería.
b) eres tú.
c) chaqueta de ante.
d) un paseo elegante.

En boca cerrada
a) no hay nada.
b) no entran moscas.
c) mucho quedará.
d) se forman rumores.

Echar aceite
a) al fuego.
b) para cocinar.
c) en una ensalada.
d) en el motor.

Todo lo que va,
a) gana todo.
b) se olvide un día.
c) vuelve.
d) tiene sentido.

A caballo regalado
a) falta el valor.
b) limpia la piel.
c) no le mires el diente.
d) la paz dado.

A más doctores,
a) más pacientes.
b) más dinero.
c) más enfermeras.
d) más dolores.

Empezado el queso
a) mucho peso.
b) terminado el pan.
c) hay que comerlo.
d) rico y sano.

Lo que no mata
a) basta.
b) engorda.
c) me gusta.
d) es para sobrevivir.

A la cama no te irás
a) sin saber una cosa más.
b) antes de bailar un poco más.
c) cuando no estás cansado.
d) sin tu amor.

Perro ladrador,
a) tiene miedo.
b) come mucho.
c) poco mordedor.
d) para mi es horror.

Mi casa es
a) grande.
b) para todos.
c) su casa.
d) limpia.

Nadie hable mal del día
a) con agua fría.
b) hasta que la noche llegue.
c) porque podría ser peor.
d) sino del año.

Roma no se hizo
a) en un día.
b) rápidamente.
c) por Dios.
d) para Italia.

Cada oveja
a) tiene hija.
b) con su pareja.
c) duerme bien.
d) come hierba.

¿Quieres ser millonario?

Lehrerhinweise

Spielart: Quizspiel

Thema: Landeskunde Spaniens und Lateinamerikas

Ziel: exemplarisches soziokulturelles Wissen erweitern

Lernjahr: ab 2

Dauer: ca. 20 Minuten

Sozialform: alle zusammen

Material: Fragebogen (KV auf S. 96)

Beschreibung

Kopieren Sie vorab den Fragebogen (KV auf S. 96) auf eine Folie. Bitten Sie zu Beginn des Spiels einen freiwilligen Schüler nach vorn, der die Fragen gemäß dem Prinzip von „Wer wird Millionär?" beantworten soll. Stellen Sie die erste Frage und präsentieren Sie diese für alle gut sichtbar. Verdecken Sie jeweils die anderen Fragen. Lesen Sie die Frage laut vor und ermahnen Sie die Mitschüler, nichts vorzusagen. In einer angemessenen Zeit hat der Schüler nun Gelegenheit, laut über seine Antwort nachzudenken, bevor er sich schließlich festlegen muss. Der Schüler erhält so lange eine neue Frage, bis er eine falsche Antwort gibt. Dann ist das Spiel beendet. Ist sich der Schüler bei einer Frage unsicher, kann er in der gesamten Spielrunde auf zwei Joker *(comodín)* zurückgreifen: Einmal streicht der Spielleiter zwei falsche Antwortmöglichkeiten. Einmal kann der Kandidat das „Publikum" befragen.

Hinweise

- Sie können das Spiel selbstverständlich auch spontan ohne Folie durchführen.
- Besonders groß ist der Lernerfolg, wenn Ihre Schüler die Fragen selbst entwickeln, z. B. im Anschluss an eine Lektürephase zur Überprüfung des Textverständnisses.
- Für den Anfangsunterricht sind auch Fragen in deutscher Sprache zulässig.

Variante

Dieses Spiel kann auch sehr gut losgelöst von „Wer wird Millionär?" in Kleingruppen durchgeführt werden. Lassen Sie jeden Schüler dazu Karten mit den Buchstaben A, B, C und D erstellen. Jeweils ein Schüler liest dann die Frage vom Fragebogen vor. Nach einer Minute Bedenkzeit halten alle anderen Schüler gleichzeitig ihre Buchstabenkarte, die sie für die richtige halten, hoch. Wer richtig liegt, erhält einen Punkt. Dann liest ein anderer Schüler eine Frage vor.

¿Quieres ser millionario?

Kopiervorlage: Fragebogen

50 € ¿Qué se come en España?	A: Topos B: Tipis **C: Tapas** D: Topaz	8 000 € ¿Cuántos habitantes tiene España?	A: aprox. 22 millones **B: aprox. 47 millones** C: aprox. 15 millones D: aprox. 1 mil millones
100 € ¿Cuántos idiomas oficiales hay en España?	A: uno B: dos **C: cuatro** D: seis	16 000 € ¿Qué monumento es de Antoni Gaudí?	A: La Alhambra **B: La Sagrada Familia** C: El Museo del Prado D: El Palacio Real
200 € ¿Cuál no es una comunidad autónoma?	A: Andalucía **B: Barcelona** C: Madrid D: Melilla	32 000 € ¿Cuando fue la Guerra Civil?	A: 1970–1979 B: 1924–1927 **C: 1936–1939** D: 1889–1896
300 € ¿Qué deporte practica Rafael Nadal?	A: fútbol B: montar a caballo C: voleibol **D: tenis**	64 000 € ¿Cuál no es típico para la cocina mexicana?	A: el taco **B: el dátil** C: el maíz D: el chile
500 € ¿Cómo se llama la capital de Bolivia?	**A: Sucre** B: Santiago C: Quito D: Lima	125 000 € ¿Cuál no es una cultura nativa de América Latina?	A: la inca B: la azteca C: la maya **D: la vasca**
1 000 € ¿Quién escribió «Don Quijote»?	A: Lope de Vega B: Pablo Picasso C: Calderón de la Barca **D: Miguel de Cervantes**	500 000 € ¿Qué es «Sinaloa»?	**A: un estado de México** B: un especia de Chile C: un instrumento de Costa Rica D: un baile de Argentina
2 000 € ¿Cómo se llama el Rey de España?	A: Carlos **B: Felipe** C: Pepe D: Antonio	1 000 000 € ¿Cuál no es un idioma de Bolivia?	A: quechua B: aymara C: guaraní **D: peré**
4 000 € ¿Quién era Salvador Dalí?	**A: un pintor** B: un político C: un arquitecto D: un cantante		

¿Qué puede ser?

Lehrerhinweise

Spielart: Wortspiel	**Dauer:** ca. 30 Minuten
Thema: unbekannte Wörter	**Sozialform:** Kleingruppen
Ziel: Begriffsdefinitionen erfinden und ausformulieren	**Material:** Begriffskarten (KV auf S. 98), ca. 10 Karteikarten für jeden Schüler
Lernjahr: ab 3	

Beschreibung

Wie bei dem beliebten Spiel „Nobody is Perfect" erfinden die Schüler in Kleingruppen zu ihnen unbekannten Begriffen möglichst kreative Beschreibungen.
Kopieren Sie die Begriffskarten (KV auf S. 98) für jede Kleingruppe und verteilen Sie diese ebenso wie die Karteikarten. Die Begriffskarten werden gemischt und verdeckt auf den Tisch gelegt. Der erste Schüler zieht eine Karte und liest den Begriff laut vor. Nun schreibt jeder für sich auf eine Karteikarte, was sich hinter dem Begriff verbergen könnte. Sprachanfänger können die Definition auf Deutsch liefern, während fortgeschrittene Lerner in der Fremdsprache formulieren. Dabei geht es darum, einen möglichst plausiblen Vorschlag zu unterbreiten.
Ein Schüler sammelt dann alle Beschreibungen ein und liest sie der Reihe nach vor, ohne den Namen des Verfassers zu kennen. Jeder Schüler wählt die Definition aus, die ihn besonders überzeugt. Mehrfachnennungen sind dabei möglich. Im Anschluss liest der erste Schüler die korrekte Definition von der Begriffskarte vor. Der Schüler, dessen Definition ausgewählt wurde, bekommt einen Punkt, ebenso derjenige, der möglicherweise die korrekte Lösung gefunden hat.

Hinweis

Es empfiehlt sich, zunächst eine Proberunde mit allen zusammen durchzuführen.

Varianten

- Mit diesem Spiel lassen sich auch die spanischen Varietäten thematisieren. Wählen Sie dazu beispielsweise andalusische oder baskische Wörter aus, zu denen die Schüler Definitionen erfinden sollen.
- Die Schüler können das Spielmaterial erweitern, indem Sie jeder Gruppe ein einsprachiges Wörterbuch zur Verfügung stellen und die Schüler der Reihe nach selbst ihnen unbekannte Begriffe auswählen.

Reflexion

- Bei welchen Begriffen fiel euch eine Definition leicht? Bei welchen schwer?
- Was zeichnet eine besonders kreative Idee aus?

Spanisch

¿Qué puede ser?

Kopiervorlage: Begriffskarten

gramíneas	**azar**
Planta que tiene tallo cilíndrico, nudoso y hueco, flores dispuestas en espiguilla y grano seco.	Circunstancia que ocurre de forma imprevista.
cartesianismo	**xeromorfo**
Filosofía de Descartes según la cual la ideología es metódica o racional.	Planta que está adaptada a la vida en un ambiente seco.
polinización	**sabiduría**
Transferencia del polen hasta el pistilo de las flores para fecundizarlas.	Conjunto de conocimientos que se elabora por el estudio o experiencias.
ente	**depredador**
En general designa todo que existe.	Un animal o una persona que caza o desgracia a otros.
hilozoismo	**prerrogativa**
Término filosófico para describir que toda la materia está viva en algún sentido.	Ventaja que alguien tiene sobre otro debido a su edad, cargo u otro motivo.

Trabalenguas

Lehrerhinweise

Spielart: Regelspiel	**Dauer:** ca. 15–20 Minuten
Thema: Zungenbrecher	**Sozialform:** Kleingruppen
Ziel: Aussprache verbessern	**Material:** Spielkarten (KV auf S. 100), 1 Stoppuhr für jede Kleingruppe
Lernjahr: ab 3	

Beschreibung

Kopieren Sie die Spielkarten (KV auf S. 100) vorab für jede Kleingruppe und verteilen Sie sie. Die Kleingruppen legen die Karten verdeckt auf einen Stapel. Nun zieht ein Schüler eine Spielkarte und zeigt den anderen den spanischen Zungenbrecher. Alle Gruppenmitglieder haben Zeit, sich diesen Zungenbrecher durchzulesen und mithilfe eines Wörterbuches gemeinsam den Inhalt zu klären. Dann tragen die Schüler der Reihe nach den Zungenbrecher vor. Einen Punkt erhält, wer den Zungenbrecher am schnellsten ohne Fehler aufsagt.
Jeweils ein Mitschüler stoppt die Zeit, die anderen achten auf die fehlerfreie Aussprache.
Im Anschluss zieht ein anderer Schüler eine Karte, bis alle Zungenbrecher aufgesagt wurden. Gruppensieger ist, wer die meisten Punkte erzielen konnte. Die einzelnen Gruppensieger können schließlich gegeneinander antreten, sodass ein Klassensieger ermittelt wird.

Hinweise

- Achten Sie bei der Auswahl der Zungenbrecher auf den Lernstand Ihrer Gruppe. Die ersten fünf eignen sich für den Anfangsunterricht, die anderen eher für die fortgeschrittenen Lerner.
- Damit sich keine Aussprachefehler einschleichen, bietet es sich unter Umständen an, dass Sie als Lehrperson, ein Muttersprachler oder besonders leistungsstarke Schüler die Zungenbrecher zu Beginn einmal langsam und laut vorlesen.

Varianten

- Statt der vorgegebenen Zungenbrecher können die Schüler auch selbst im Internet spanische Zungenbrecher recherchieren und dazu Spielkarten anfertigen.
- Jeder Schüler wählt einen Zungenbrecher aus, den er übt und aufsagt, bevor die anderen Schüler den Zungenbrecher im Chor nachsprechen. Bei dieser Variante steht das gemeinsame Aufsagen im Vordergrund, Punkte werden nicht vergeben.

Reflexion

- Welche Zungenbrecher fielen euch besonders schwer? Welche waren leicht? Woran liegt das?
- Vergleicht die spanischen Zungenbrecher mit den deutschen. Welche Unterschiede bzw. Gemeinsamkeiten stellt ihr fest?

Trabalenguas

Kopiervorlage: Spielkarten

Poquito a poquito Paquito empaca poquitas copitas en pocos paquetes.

De generación en generación las generaciones se degeneran con mayor degeneración.

Pepo el pirata baila en una pata, pues viento en popa se seca su ropa.

Mientras el sol brilla un obrero con sombrero sin silla con brazos rodea la sombra de la sombrilla.

El perro de San Roque no tiene rabo porque Ramón Ramírez se lo ha cortado.

Tres tristes tigres tragaban trigo,
tres tristes tigres en un trigal.
¿Que tigre tragaba más?
Los tres por igual.

Treinta y tres tramos de troncos trozaron tres tristes trozadores de troncos y triplicaron su trabajo, triplicando su trabajo de trozar troncos y troncos.

En una zarzamorera estaba una mariposa zarzarrosa y alicantosa. Cuando la mariposa zarzarrosaba y alicantaba, las zarzamoras mariposeaban.

Estaba en el bosque Francisco buscando a un bizco vasco tan brusco, que al verlo le dijo a un chusco: «Busco al vasco bizco brusco».

Tres reses rumiantes remaban rápidamente a la orilla del río. Las reses reían, rumiaban y rezaban, mientras rápidamente remaban a la orilla del río.

Spieleübersicht nach Kompetenzen

Spiel (Seite)	Spielart*	Inhalt	Kommunikative Kompetenz	Schreib-kompetenz	Leseverstehen	Hörverstehen	Grammatische Kompetenz	Interkulturelle Kompetenz
Kapitel 1: Sprechen								
Hablar del día (S. 6)	K	Tagesablauf, Reflexivverben	X			X	X	
¿Quién es? (S. 7)	K	Personen beschreiben	X					
Expresar opiniones (S. 9)	K	Meinungen austauschen	X			X		
Ir al médico (S. 12)	K/Ro	Tandem, Arzt	X		X			
Preparar una fiesta (S. 14)	K	Wortfeld *fiesta*, Merkfähigkeit	X			X		
Describir y dibujar (S. 15)	K	Personen beschreiben	X			X		
La familia (S. 16)	K	Fragen zur Person	X			X		
¿Dónde está …? (S. 18)	Qu	Präpositionen	X				X	
Veo veo (S. 19)	Qu	Gegenstand beschreiben	X			X		
Historia con sombrero (S. 20)	K	Geschichte erzählen	X			X		
¡Represéntalo! (S. 21)	Qu	Imperative erraten	X		X		X	
Conflicto con imperativos (S. 22)	Ro	Imperative, Konflikt	X				X	
Soñar con tu futuro (S. 23)	K	Wünsche und Pläne	X				X	
El mundo dentro de cien años (S. 24)	K	Zukunftsvisionen	X			X	X	
Cuatro visiones distintas (S. 25)	K	Debatte über Immigration in die USA	X			X		X
Kapitel 2: Schreiben								
Sentimientos mixtos (S. 30)	S	Gefühle beschreiben	X	X	X	X		
Un cuento de hadas diferente (S. 32)	S	Märchen	X	X			X	X
Ciudades, países, celebridades (S. 34)	Qu	Spanien- und Lateinamerika		X				X
Cuestión de gusto (S. 35)	S	Vorlieben und Abneigungen		X	X	X		
Dictado con sustantivos (S. 37)	S	Substantive im Kontext verwenden		X		X		
¿Verdad o mentira? (S. 38)	S	Text verfassen und prüfen		X		X		
Cinco palabras mágicas (S. 39)	S	Begriffe im Kontext verwenden		X				
La primera impresión (S. 40)	K	Ersteinschätzung hinterfragen	X	X				
Vida cotidiana (S. 41)	Qu, S	Alltag einer Person beschreiben		X		X	X	
Kapitel 3: Lesen								
Bola de nieve con preguntas (S. 43)	K	Fragen zum Text formulieren	X	X	X			
Mi romance (S. 44)	W	Assoziationen zum Titel	X		X			X
Puzle de diálogos (S. 46)	Qu	Dialogteile ordnen	X	X	X			
Palabras claves (S. 47)	S	Text zusammenfassen		X	X			

Spanisch

Spieleübersicht nach Kompetenzen

Spiel (Seite)	Spielart*	Inhalt	Geförderte Kompetenzen					
			Kommunikative Kompetenz	Schreibkompetenz	Leseverstehen	Hörverstehen	Grammatische Kompetenz	Interkulturelle Kompetenz
Kapitel 4: Hören								
¡Olé! (S. 48)	R	Zahlen				X	X	
Canasta de fruta (S. 49)	K	Wortfeld Obstsorten	X			X		
El testimonio (S. 50)	K	Unfallbeschreibung	X			X		
Puntos cardinales (S. 51)	R, K	Himmelsrichtungen	X			X		
A mí me gusta (S. 52)	K	Vorlieben vergleichen	X			X		
Dictar y pintar (S. 53)	R	Präpositionen	X			X	X	
Ir como … (S. 55)	R	Imperative				X	X	
Cazador de autógrafos (S. 56)	K	Hobbys	X			X		
Kapitel 5: Wortschatz								
Adivinar palabras (S. 57)	Qu	Vokabeln erraten	X					
Dómino de vocabulario (S. 59)	R	Vokabeln festigen		X				
La hora (S. 60)	K	Aktivitäten des Tages nennen	X			X	X	
La bomba (S. 62)	W	Wortarten, Unterbegriffe	X				X	
Ir de compras (S. 64)	W	Wörter zum Wortfeld ir de compras sammeln	X					
Palabras de Navidad (S. 65)	Qu	Wörter zum Wortfeld Weihnachten sammeln		X	X			X
El alfabeto (S. 66)	W	Substantive finden	X				X	
Profesiones (S. 67)	W, Qu	Berufe erraten	X					
Serpiente de palabras (S. 69)	W	Wörter mit bestimmten Anfangsbuchstaben finden	X					
Bingo de palabras (S. 70)	W	Wortarten				X	X	
Parejas de alumnos (S. 72)	W	Wortpaare finden	X			X		
Sinónimos (S. 73)	W	Synonyme finden	X	X				X
Palabras con alumnos (S. 75)	W	Buchstaben anordnen	X	X		X		
Mi vocabulario (S. 76)	R	Vokabeln einprägen	X	X				
Conceptos generales (S. 77)	Qu	Ober- und Unterbegriffe	X					
Familia de palabras (S. 79)	W	Wortfamilien	X	X			X	
Kapitel 6: Grammatik								
Acentuación (S. 80)	R	Betonungsregeln	X			X	X	
Casa de verbos irregulares (S. 81)	R	Konjugation unregelmäßiger Verben	X				X	
Paseo por la clase (S. 84)	R	Konjugationen			X	X	X	

Spieleübersicht nach Kompetenzen

Spiel (Seite)	Spielart*	Inhalt	Geförderte Kompetenzen					
			Kommunikative Kompetenz	Schreibkompetenz	Leseverstehen	Hörverstehen	Grammatische Kompetenz	Interkulturelle Kompetenz
¿Qué habéis hecho …? (S. 85)	R	Perfekt	X				X	
¿Ser o estar? (S. 86)	R	Gebrauch von *ser* und *estar*				X	X	
Tiempos redondos (S. 87)	R	Konjugationen	X			X	X	
Comparaciones (S. 88)	R	Steigerung von Adjektiven	X			X	X	
Mi mundo imaginario (S. 91)	K	Konditionalsätze	X			X	X	
Por y para (S. 92)	R	Kontrastiver Gebrauch von *por* und *para*				X	X	
Kapitel 7: Interkulturelles Lernen								
Cuatro esquinas de refranes (S. 93)	Qu	Sprichwörter und Redewendungen	X			X		X
¿Quieres ser millionario? (S. 95)	Qu	Fragen über Spanien- und Lateinamerika				X		X
¿Qué puede ser? (S. 97)	W	Begriffsdefinitionen unbekannter Wörter	X	X		X		X
Trabalenguas (S. 99)	R	Zungenbrecher, Aussprache	X			X		X

*K = Kommunikationsspiel: Mündlicher Austausch,
R = Regelspiel: Übung und Anwendung von Regeln,
Qu = Quizspiel: Quizfragen und Rätsel,
S = Schreibspiel: Satz- und Textproduktion,
W = Wortspiel: Sammlung und Analyse von Wörtern,
Ro = Rollenspiel: Simulation von authentischen Kommunikationssituationen

Quellen und Medientipps

Literatur

Ferrarÿ, Alexandra:
**111 Ideen für den geöffneten Unterricht.
Organisationstipps und Methoden für den Schulalltag.**
Verlag an der Ruhr, 2012.
ISBN 978-3-8346-0940-3
➡ Handbuch mit schüleraktivierenden Methoden für offene Unterrichtsstrukturen in allen Schulformen.

Harris, Bryan:
**Mehr Motivation und Abwechslung im Unterricht.
99 Methoden zur Schüleraktivierung.**
Verlag an der Ruhr, 2013.
ISBN 978-3-8346-2328-7
➡ Sammlung mit variabel einsetzbaren Methoden für unterschiedliche Phasen des Unterrichts. Die Ideen für die Sekundarstufen I und II können Schüler in jedem Fach durch aktives Arbeiten motivieren.

Kolmer, Katrin:
Fundgrube Spanisch
Cornelsen Scriptor, 2009.
ISBN 978-3-589-22947-5
➡ Eine praxisbezogene Sammlung von spielerischen Übungen für Schreib- und Sprechanreize im Spanischunterricht. Das Material für die Sekundarstufen I und II ist spontan einsetzbar und bezieht an vielen Stellen die neuen Medien mit ein.

Piel, Alexandra:
Sprache(n) lernen mit Methode. 170 Sprachspiele für den Deutsch- und Fremdsprachenunterricht.
Verlag an der Ruhr, 2002.
ISBN 978-3-8607-2740-9
➡ Außergewöhnliche Übungen für Abwechslung im Unterricht und spielerisches Lernen von Vokabeln und Grammatik.

Steveker, Wolfgang:
Fachmethoden Sekundarstufe I und II: Das schnelle Methoden-1x1 Spanisch: Buch mit Kopiervorlagen über Webcode.
Cornelsen Scriptor, 2014.
ISBN 978-3-5891-6284-0
➡ Schüleraktivierende Methoden für alle Lernbereiche des Faches. Zusätzliche Materialien stehen zum Download und zur Bearbeitung online zur Verfügung.

Stöhr-Mäschl, Doris:
Cool Down! Entspannungs- und Konzentrationsübungen im Schulalltag.
Verlag an der Ruhr, 2010.
ISBN 978-3-8346-0661-7
➡ Vielfältige Anregungen zur Auflockerung des Unterrichts für die Sekundarstufen I und II.

Tielemanns, Erwin u.a.:
Energizer. Soziales Lernen mit Kopf, Herz und Hand.
FLVG Verlagshaus, 2015.
ISBN 978-3-9331-9351-3
➡ Loseblattsammlung mit Übungen zur Entspannung, Konzentration und Förderung sozialer Kompetenzen.

Zeitschriften und Artikel

Lüning, Marita:
Spielen und Lernen im Spanischunterricht.
In: Der fremdsprachliche Unterricht Spanisch. Friedrich Verlag GmbH, Seelze, Nr. 15/2006, S. 4–6.
➡ Theoretische Grundlagen zum Einsatz von Spielen im Fremdsprachenunterricht mit variabel einsetzbaren konkreten Vorschlägen für den Spanischunterricht.

Internet*

www.blinde-kuh.de/spiele/game-preview-languages-spanisch-1.html
➡ Datenbank mit Spielen in vielen verschiedenen Sprachen zum Lernen von Vokabeln, Grammatik und Aussprache.

www.delengua.es/sprachkurs-spanien/ubungsmaterial-gratis-auf-spanisch/gratis-lernspiele.html
➡ Kostenloses Lernspielangebot der spanischen Sprachschule Delengua mit einem virtuellen Spaziergang durch Granada sowie zahlreichen Übungen zur Verbesserung des Wortschatzes.

www.ludolingua.de/category/sprachen/spanisch
➡ Wertvolle Anregungen und Hintergrundinformationen für den Einsatz von Spielen im Fremdsprachenunterricht sowie eine Auswahl getesteter Gesellschaftsspiele zum Lernen von Sprache.

www.ver-taal.com
➡ Umfangreiches Angebot zum Lernen von Grammatik, Wortschatz und Hörverstehen. Übungen und Rätsel sind sofort im Spanischunterricht einsetzbar.

---

* Die in diesem Werk angegebenen Internetadressen haben wir geprüft (Januar 2017). Da sich Internetadressen und deren Inhalte schnell verändern können, ist nicht auszuschließen, dass unter einer Adresse inzwischen ein ganz anderer Inhalt angeboten wird. Wir können daher für die angegebenen Internetseiten keine Verantwortung übernehmen.